A TRAVERS
L'ESPAGNE INCONNUE

PAR

HENRY LYONNET

RICHARDIN LAMM ET CIE
SUCCURSALE E. DENTU, PARIS
Rambla del Centro, 8 et 10
BARCELONE
1896

Droits réservés

A TRAVERS
L'ESPAGNE INCONNUE

A TRAVERS
L'ESPAGNE INCONNUE

PAR

HENRY LYONNET

RICHARDIN LAMM ET CIE
SUCCURSALE E. DENTU, PARIS
Rambla del Centro, 8 *et* 10
BARCELONE

1896

Droits réservés

A MADAME

Marie Letizia de Rute

A vous, madame, revient de droit l'hommage de ce modeste travail. C'est vous qui, dans la *Nouvelle Revue Internationale,* avez accepté et publié la plupart de ces études réunies aujourd'hui en un volume. Vous aviez su comprendre, qu'à défaut d'autres qualités, elles avaient, du moins, celle de la sincérité. C'est aussi votre nom qui doit figurer ici en première page, comme un témoignage bien réel de ma reconnaissance pour votre aimable accueil, de mon respect pour votre personne, et de mon admiration pour votre talent.

H. Lyonnet.

A TRAVERS
L'ESPAGNE INCONNUE

AU PAYS DES BOUCHONS

Le Bas-Ampurdan.—Gérone.—Aspect de la ville.—San Vicente Ferrer.—Souvenirs du siège.—Augereau.—La diligence de San Feliu de Guixols.—Les forêts de chênes-lièges.—Le pays des bouchons.—San Feliú.—La lecture de Cervantès.—La pêche à l'*encensa*.—La tartane de Palamos.—Les routes d'Espagne.—Le port de Palamos.—Palafrugell.—Le tramwvay de Flassa.—Les îles Mèdes.

Il y a pour l'étranger deux Espagne bien différentes.

C'est d'abord l'Espagne classique, connue, décrite, parcourue en tous sens, l'Espagne des billets circulaires et des guides; l'Espagne que l'on visite en trente ou soixante jours, avec arrêts et admirations de commande à Burgos, à Tolède, à Séville, à Grenade.

De celle-là, à quoi bon parler?

Prenez de bonnes photographies, à présent répandues partout, appuyez-les de quelques lectures savamment choisies, et vous aurez le spectacle de cette Espagne, à la façon de celui que vous offre Musset, dans un fauteuil.

Mais il y a aussi l'Espagne inconnue, l'Espagne sans chemins de fer, l'Espagne primitive et sauvage. Jetez les yeux sur une carte, et vous verrez que celle-là occupe cependant la plus grande place.

Avez-vous traversé les *sierras* à dos de mulets? Vous êtes-vous fait briser les côtes en tartane? Avez-vous souffert de la faim dans les diligences, ou avalé, en une heure, plus de poussière, sur les chemins blanchis, que n'en feront jamais tous les escadrons réunis manœuvrant dans le Champ-de-Mars? Voilà des distractions, pour ne citer que celles-là, qui ne figurent assurément pas dans les *Baedecker*. Pourtant, que de choses entrevues! Mais voilà! Les trains, déjà rares en pleine Espagne classique, ne vous mèneront pas de sitôt où je veux vous conduire. Les buffets n'abondent pas en ces parages, les *posadas* y sont problématiques, voire même imaginaires. Au point de vue du confort en route, je serai le premier à vous déconseiller le voyage; mais je m'offre à vous en épargner la fatigue en vous racontant les miennes. Car, il faut bien le dire, cette Espagne-là est une Espagne que vous n'avez nulle chance de visiter jamais,—à moins que vous n'y soyiez forcés.

Chargé, il y a quelques mois, d'une mission géographico-industrielle, j'entrepris, dans un coin de l'Espagne inconnue, une de ces excursions pittoresques auxquelles il faut le hasard et la nécessité pour excuse. On ne se décide pas facilement du jour au lendemain à traverser l'Espagne de part en part, à la façon de l'Afrique centrale.

Je l'ai fait; je ne le regretterai pas si le lecteur retrouve dans mes notes un peu de la saveur que j'en garde en mon souvenir.

Le but de ma première visite à l'Espagne inconnue, c'était le *pays des bouchons*, c'est-à-dire le Bas-Ampurdan. Je descendis du train qui vient de France à Gérone, par une assez froide matinée de l'hiver dernier.

Gérone! A la vue de ses enceintes, de ses tours battues en brèche, de ses forts à moitié démantelés, tels que les ont pu voir nos grands-pères de 1809, le refrain des assiégés me chanta de suite dans la mémoire:

> Dígasme tu, Girona,
> Si te n'arrendiras!
> Lirom, lireta,
> Cóm vols que m'arrendesca,

> Si Espanya no ho vol pas?
> Lirom fa là garideta
> Lirom fa lireta là!

«Dis-moi, Gérone, si tu te rendras? lirom, lireta.—Comment veux-tu que je me rende, si l'Espagne ne le veut pas? lirom fa la garideta, lirom fa lireta la.»

Nous franchissons les fossés qui se comblent, nous passons sous une voûte qui nous fait penser aux poternes des vieilles cités flamandes, et nous suivons une rue assez large qui s'ouvre droit devant nous, conduisant à un pont de pierre. Jusqu'ici, la ville resemble à n'importe quelle ville française; vue du pont, l'aspect va changer.

Ce pont de pierre, vrai centre de la ville, est jeté sur la rivière Oña. Quand nous disons rivière..... il ne faut pas oublier que nous sommes en Espagne. Sur un lit desséché, assez large, quelques fils d'eau courent. Au milieu de ce lit, battoirs en mains, une armée de blanchisseuses sont agenouillées, en ligne. Sur le sable du fleuve á sec, le linge flotte au soleil, accroché par des ficelles. De quais, point, mais de hautes murailles, en bordure de la rivière, et, sur ces murailles, de vieilles maisons dont toutes les fenêtres sont soigneusement grillées. Il est clair que, le lit de la rivière étant presque toujours à sec, il fallait que la ville fût fortifiée aussi bien au dedans qu'au dehors.

De cet endroit du pont, nous pouvons jeter un coup d'œil sur l'ensemble de la ville. Devant nous est une colline escarpée, et, posé sur sa crête, un vaste triangle fortifié dont on peut dire, par à peu près, que le sommet est marqué par la cathédrale et la base par la rivière. Derrière cette colline, la crête s'évase en croissant. Sur la cime à gauche, le vieux fort de Monjuich, presque à ras de terre; à droite, un autre fort.

Le pont franchi, nous voici dans un dédale de rues tortueuses, étroites, pavées de galets pointus. De grands portiques en arcades, comme à La Rochelle; fenêtres grillées partout. L'on grimpe, l'on grimpe toujours, des voûtes, des marches et toujours des galets. Nous arrivons ainsi presque au sommet de la cité, où se trouvent d'énormes bâtiments, jadis couvents, aujourd'hui casernes; une petite place avec une inscription rappelant qu'en ce lieu prêchait San Vicente Ferrer; un parvis jonché de pierres tombales juxtaposées. Enfin, devant nous, une masse de pierre colossale: c'est la cathédrale de Gérone.

Sautons à pieds joints par-dessus la description de ce bel édifice gothique, d'une seule nef, et assez clair—chose rare dans un édifice espagnol.—La description, vous la trouverez partout. Arrêtons-nous seulement un instant sur la vaste plateforme qui précède la cathédrale et d'où l'on domine toute la ville, presque toute la province. A droite, nous avons les hautes cimes des Pyrénées, couvertes de neige, avec des reflets nacrés, roses et blancs. Immédiatement au dessous de nous, quatre-vingt-cinq marches monumentales, avec perrons et balustrades. Tout à côté, la belle flèche en pierre de l'église San Felix, dont l'extrémité supérieure a été brisée par la foudre.

J'ignore combien Gérone a bien pu avoir d'enceintes, mais ce ne sont, à chaque pas, que maisons enclavées dans des restes de vieilles tours, que remparts noircis dans lesquels on a percé des fenêtres, que poternes bouchées. Des groupes d'hommes en robes de prêtres encombrent les rues, causent à voix basse près d'une vieille église tout enfumée du XIVe siècle, tandis que, par une fenêtre entr'ouverte, s'échappent les accords modernes d'un piano, très étonné sans doute de se trouver dans un pareil milieu.

Rentré à l'hôtel, je relis, le soir, dans

B. Perez Galdos, l'Erkmann-Chatrian de l'Espagne, je relis les détails vraiment effrayants du siège de Gérone: 5000 désespérés, mal armés, affamés, arrêtant pendant huit mois les armées de Napoléon; Alvarez, tenace jusqu'à la cruauté. Je retrouve les rues, les places, les coins de remparts que j'avais parcourus dans la journée; les quatre-vingt-cinq marches de la cathédrale encombrées de blessés auxquels on ne peut plus donner seulement du secours; les 1000 hommes-squelettes, seuls survivants de cette lutte héroïque, défilant devant l'armée d'Augereau, dont l'effectif de 40,000 hommes avait été réduit de moitié. Et je m'endors dans un grand lit où l'on pourrait tenir six à l'aise, sous un plafond haut de huit mètres, ne rêvant que bastions, remparts, assauts, cadavres jonchant les rues, combats de géants.....

Mais le rêve ne fut pas de longue durée. Réveillé en sursaut, je ne me rendormis guère grâce aux carillons des églises, aux grelots des mules que l'on attèle, aux miaulements des chats dans les gouttières, enfin aux appels des voyageurs dans les couloirs. A 5 heures du matin, la diligence devait me prendre pour me conduire au *pays des bouchons*. Me prendre? A l'hôtel, assurément; je l'avais ainsi compris dans ma naïveté. Mais maintenant autre chanson: on m'explique qu'il me faut aller chercher moi-même la voiture.

—A deux pas, tout près, à côté du pont!

Me voici dans la rue, à 4 heures et demie du matin, au mois de décembre, dans une ville presque inconnue.

—Une diligence, pensais-je, cela doit se voir de loin.

J'arrive au pont. En fait de diligence, je trouve un paysan, le visage enfoui derrière son *tapa-boca* (1).

—La diligence de San Feliu de Guixols?

—Je la cherche!

Et nous descendons vers une petite rue noire où tout dort. Tout au bout, enfin, nous recontrons un *sereno* avec sa lanterne et sa pique. Du manche de sa pique, il frappe violemment aux portes et devantures des boutiques pour s'assurer qu'elles sont bien fermées. Cela doit être gai pour les voisins endormis!

Devant une boutique, notre homme heurte encore plus fort au volet. Il s'agit de réveiller le conducteur de la diligence. Cette bou-

---

(1) Mot à mot: *ferme-bouche*. C'est une espèce de cache-nez.

tique est le bureau de la voiture de San Feliu. Allons, tant mieux! L'homme vient ouvrir, à moitié éveillé, allume une lampe fumeuse, et nous fait pénétrer dans un bureau sommaire où des paquets s'entassent dans tous les coins. Nous y sommes bientôt rejoints par trois autres voyageurs qui ont dîné hier à l'hôtel.

L'un est un Italien qui va visiter des scieries; les deux autres, un ingénieur et un piqueur qui vont étudier la construction d'un tramway. Et le malheureux conducteur, qui sera ruiné par cette concurrence, se dispose, sans le savoir, à réchauffer ces deux serpents dans sa propre patache.

La diligence est attelée à quatre mules; nous nous y entassons tant bien que mal. Et, en route pour San Féliu, où nous arriverons dans cinq heures. Nous cheminons par la nuit noire; le paysan est devenu invisible, retranché derrière son *tapa-boca;* l'italien a roulé sa tête dans une couverture de voyage, l'ingénieur et le piqueur disparaissent sous des casquettes de loutre, quant à moi je grelotte, replié en deux. Le petit jour qui pointe, enveloppe notre dortoir de ses teintes grises. Autour de nous le paysage s'est transformé. Nous sommes dans de grandes forêts de chênes-lièges. Ce sera ainsi jusqu'à la mer. Nous sommes arrivés au *pays des bouchons*.

C'est là que vingt-huit villages se consacrent exclusivement à la fabrication bouchonnière, c'est d'ici que s'exportent chaque année près de deux milliards de bouchons, attendus par les goulots des bouteilles, flacons, fioles de toutes espèces et de tous pays. Autour de nous pousse le liège; à nos pieds nous foulons du liège; dans chaque maison, dans chaque cabane, par la porte qui s'entrouvre, nous voyons, au passage, hommes, femmes, enfants déjà occupés à tailler le liège; et la fumée qui sort des cheminées a une odeur de bouchon brûlé; car le seul combustible, c'est le liège, qui est aussi le seul bois du pays.

Qu'il est coquet ce petit port de San Féliu! La *concha* de Saint-Sébastien en miniature, avec cette différence que l'entrée de la baie naturelle de Saint-Sébastien est fort étroite, tandis que celle-ci fait l'effet d'un fer à cheval dont on aurait forcé l'écartement.

Quelques bateaux, une petite balancelle qui vient chercher une cargaison de bouchons, de grands rochers, et tout le long de la plage, de jolies maisons bien fraîches, peintes en rose, en bleu, en vert. Ce coin étrange et peu connu semble tout à fait détaché de l'Espagne. Ses seules relations sont avec la France, l'Angleterre, l'Allemagne, de telle sorte que l'on y trouve des commerçants qui parlent admirablement bien le français, l'allemand, le catalan, avec leurs ouvriers, l'espagnol, peu ou pas. Les indigènes taillent leurs bouchons, gagnent assez bien leur vie; et comme il serait difficile, avec la meilleure volonté du monde, de dépenser de l'argent dans le pays, chacun se trouve là dans un bien-être relatif. La mendicité, cette plaie de l'Espagne, y est inconnue.

Il est malaisé de passer convenablement sa soirée à San Féliu, mais j'ai rencontré un Badois qui m'emmène chez lui pour me faire la lecture de Cervantès. Sur ce terrain pas moyen de n'être pas d'accord. Sa lecture se prolonge, et j'assiste à minuit, sur la plage, à un spectacle absolument nouveau pour moi: la pêche à *l'encensa*, la pêche au feu, au falot. Elle se fait seulement par les nuits sans lune. Quatre ou cinq hommes montent une barque. L'un promène à fleur d'eau des branchages enflammés dont la lueur rougeâtre va éclairer les profondeurs de la mer.

Le rameur suit le rivage, et de préférence

les rochers. A l'avant un homme debout est armé d'une longue perche qui se termine par une sorte de trident.

La barque glisse sans bruit; on devine le reste. Éclairé par la flamme, l'homme lance son trident, et le poisson est capturé. Cette pêche est assez fructueuse, paraît-il. Mais rien de plus fantastique dans la nuit noire, que ces barques de feu filant silencieuses sur l'eau, et les longues silhouettes de pêcheurs se reflétant dans les flots qui s'illuminent sur le passage de l'*encensa*.

A cinq heures du matin, le garçon me réveille pour me conduire jusqu'à la «tartane» qui doit m'emmener à Palamos.

Palamos est un autre petit port de la côte de l'Ampurdan, en remontant un peu plus vers le nord. Je m'installe dans la tartane, en compagnie de deux autres voyageurs, sans oublier les paquets, paniers, caisses, etc., qui auront pour rôle de nous caresser agréablement les jambes le long de la route.

Sur la carte, j'avais évalué la distance qui sépare San Féliu de Palamos à une dizaine de kilomètres, et je m'étais fait ce petit raisonnement: «Dix kilomètres à pied, sur le bord de la mer, ou dans les bois de chênes-lièges, ce n'est pas assurément une grosse affaire. Le passage doit être magnifique et comme en cette saison le soleil ne chauffe guère!»

Et puis, ne connaissant pas suffisamment la route, j'avais hésité. Bref, je m'étais engouffré dans la tartane.

A peine sortis de la ville, nous voici dans un lac de boue.

—Eh! eh! qu'est cela?—C'est la route.
—La route de Palamos?
—Parfaitement.

Je pensai en moi: «Quelle idée d'avoir pris la tartane!»

En cet instant je me sentis lancé violemment sur mon voisin d'en face. La tartane avait une roue enfoncée dans une ornière de cinquante centimètres pour le moins. Le lac de boue n'avait pas le fond très uni. Les mules enfoncent dans la glaise jusqu'au poitrail, tirent de droite, de gauche, décrivent des Z capricieux; le cocher jure, sue à grosses gouttes, et ce n'est que le commencement. Ornières, fossés, fondrières, voilà la route. Le tartanier semblable à un général au feu est tout simplement admirable. A chaque obstacle nouveau il se retourne vers nous. On comprend tout dans son regard prompt comme l'éclair.

—Vous, le gros père, au fond, pour faire le contrepoids! Vous le maigre, plus à gauche.

Vous, le grand dans le milieu!

Nous obéissons, inconsciemment, soulevés de nos banquettes; à chaque soubresaut, nos chapeaux vont s'aplatir contre le plafond de la tartane, et nous nous embrassons tous follement comme des amis de vingt ans qui se retrouvent.

Encore, si l'on pouvait s'étayer s'arcbouter, s'adosser! Mais le moindre contact de votre ossature aux parois de la boîte de supplice vous rompt les membres; les caisses et les paniers qui s'agitent vous écorchent les jambes, et si vous arrivez à vous ployer en deux, vous avez les reins brisés.

La tartane déséquilibrée, se dandinant de droite et de gauche, me rappelait ces petites bouteilles de sureau à fond de plomb, qui secouées, bouleversées en tous sens, reviennent toujours à leur position d'équilibre, le goulot en l'air.

—Quels chemins en Espagne! se hasarde à me dire le tartanier.

Il appelait ça des chemins.

Enfin, moulus, courbaturés, nous sortons piteusement l'un après l'autre, de la tartane, en rampant. Cela n'avait duré que trois heures. Nous en avions chacun pour nos vingt sous! Palamos est un petit port, avec un soupçon de jetée, à gauche d'une baie. Deux ou trois petits bâtiments qui chargent des balles de bouchons. Une canonnière de l'Etat.

De pauvres maisons de pêcheurs, et des rues accidentées pavées en galets. Ce n'est pas beau. Heureusement, à Palamos, il y a un tramway à vapeur qui va rejoindre la ligne ferrée de France à la station de Flassa. C'est par ce tramway que nous regagnerons l'intérieur, mais non sans nous arrêter tout d'abord à Palafrugell.

Palafrugell est le grand centre de la production des bouchons de Champagne. Quelques industriels, enrichis dans ce commerce, ont là des maisons fort bien montées. N'importe, cela ne doit pas être gai tous les jours, Palafrugell. Depuis Gérone, je n'ai plus rencontré un journal, j'ai bien parlé de Cervantès, mais je n'ai vu que des bouchons. Je vais visiter l'église dont les boiseries sont fort belles; je remarque les battants de la porte d'entrée, sur lesquels on a cloué un nombre infini de fers à cheval, à la façon des estampages japonais sur les coffrets de santal. Et je vais attendre l'heure du départ dans un grand café vide dont le patron cherche à me faire comprendre combien il y a de partis politiques en Espagne. Je bats en retraite au vingt-septième sans vouloir écouter la fin.

Les passages du tramway sont rares, deux fois par jour. J'ai tenu à m'assurer de l'heure du départ. Je n'avais pas aperçu deux hommes qui me guettaient au coin d'une rue.

—Monsieur part pour Flassa?
—Oui! pourquoi?
—Parce que, Monsieur, nous avons la tartane.
—La tartane! à ce mot je me frottai involontairement les côtes.
—Oui, Monsieur, une bonne tartane.
—Merci bien, je prends le tramway.

Ici, air sardonique, et clignement d'yeux de mes deux interlocuteurs.

—Le tramway! ah! ah! Monsieur prend le tramway! Dis-donc, Pepe, Monsieur prend le tramway.
—Oui je le prends. Eh! bien?
—Eh bien! Monsieur n'arrivera jamais à destination.
—Qu'est-ce que vous me chantez?
—Nous disons à Monsieur, qu'hier la machine est restée en route, à moitié chemin. Le tramway ah! ah!

Le cafetier l'homme aux vingt-sept partis,

m'avait dit, en effet, que les machines n'allaient pas bien.

—Diable! Et à quelle heure... la tartane!

Je me tâtais toujours les reins.

—De suite, Monsieur, de suite on part.

Il fallait un certain courage. D'un autre côté il ne me souriait pas de rester en chemin.

Le tartanier empressons-nous de le dire, ne m'avait pas trompé. Nous arrivâmes à Flassa en même temps que le tramway, dont la machine avait fonctionné ce jour-là.

De plus la route unie, comme nos routes de France, m'avait raccommodé avec les tartanes et les tartaniers.

Quel paysage grandiose que celui que l'on découvre, sus cette route de la Bisbal!

La mer bleue à perte de vue, la côte qui se déroule, le cap Rosas, les Iles Médes, et pour vis-à-vis les Pyrénées toutes blanches, les montagnes de la Catalogne, soulevées comme les flots d'une mer déchainée!

Enfin, à Flassa, nous retrouvons le chemin de fer qui nous ramène le soir à Gérone.

Nous regagnons notre grand lit d'hôtel, où l'on pourrait tenir six à l'aise, sous un plafond haut de huit mètres, avec les bruits de cloches, les grelots des mules, et les miaulements des chats pour vous bercer.

AU PAYS DES ORANGES

La campagne de Valence.—La *Plana*, la *Ribera* et la *Marina*.—Le commerce des oranges.—Les trieuses.—Castellon de la Plana.—La fabrication des espadrilles. — Vinaroz. — L'hôtel de la Veuve.—La *plaza de toros*.—Ce qu'on voit dans une *posada*.—Le roman comique.—Le théâtre de Vinaroz.—Les *zarzuelas*.—L'*alcalde intérim*.—Trucs et truqueurs.—Bénicarlo.—Rencontre d'un français.—Types et croquis.

«La Valence! La belle Valence!» tel est le cri populaire de nos marchands d'oranges à Paris. Et cependant je doute fort que le touriste qui se rend à la Cité du Cid, où il ne rencontrera que la manufacture des tabacs et la statue du roi Jaime le Conquérant, ait une idée bien nette du pays des oranges où je veux vous conduire.

Le pays des oranges ce n'est donc pas Valence à proprement parler, c'est la campagne de Valence, c'est toute cette côte qui s'étend depuis Bénicarlo, au Nord, jusqu'à Dénia, au Sud, ou plus exactement la Plana au Nord, la Ribera (haute et basse) au centre, la Marina au Sud. Autant de distinctions à établir pour la qualité des fruits.

La Plana donne un fruit grossier, acide, que l'on embarque sur de petites balancelles à destination de Marseille, dans des caisses anglaises ou caisses à claire-voie. Chaque orange est enveloppée dans un papier léger qui se fabrique à Alcoy.

La Ribera, haute et basse, c'est-à-dire Sueca, Cullera, Alcira, produit un fruit plus doux, plus fin, qui s'expédie principalement à Liverpool, le premier marché d'oranges du monde entier, où se vendent jusqu'à soixante-mille caisses d'oranges dans une semaine! La Marina, c'est la partie comprise entre Carcagente et Denia. En route donc pour le pays des pommes d'or!

Nous arrivons au bon moment, car la récolte des oranges se fait du mois de novembre au mois de juin.

L'orange a ceci de particulier qu'elle peut rester sur l'arbre pendant un certain nombre de mois, tandis que la plupart des autres fruits trop mûrs tombent ou pourrissent. Ici, rien de semblable. Suivant les demandes venues de l'étranger, le courtier vient dans le champ, et le plus souvent traite à forfait.

L'orange est achetée au jugé, au poids ou à la quantité. Au poids, dans la Ribera, au mille dans la Plana, et dans ce cas le mille vaut de dix à douze pesetas. Ou enfin le courtier dit au paysan: « je t'achète ton champ pour tant». Et le marché se trouve conclu.

Les fruits sont apportés au village, à proximité du chemin de fer. D'énormes scieries mécaniques débitent le sapin de Norvège, et découpent sans cesse les planchettes nécessaires à la confection des caisses; pendant ce temps les oranges sont entassées sous des hangars, en monceaux énormes. Nous remarquerons en passant que l'orange n'a pas été arrachée de l'arbre, mais séparée de sa tige au moyen d'un sécateur spécial qui a la forme d'une pince, et que l'on a laissé au fruit l'extrémité de la queue, ou bouton, condition indispensable pour sa conservation et sa fraîcheur.

Les *trieuses*, accroupies près des tas, prennent les oranges une à une, en apprécient à l'œil la qualité—on sait que la bonté de ces fruits se reconnaît à la finesse de leur peau—puis les placent devant elles, dans des calebasses.

Les calebasses remplies passent devant

d'autres femmes, dont le seul travail consiste à enrouler avec une prestesse infinie chaque fruit dans un petit carré de papier dont elles tortillent les deux bouts, tâche qu'elles accomplissent en chantant du matin au soir leurs chansons nazillardes et monotones. Il ne restera plus qu'à mettre les oranges dans les caisses à claire-voie dont la contenance ordinaire est de 420 ou de 714. En route alors pour Liverpool, pour Glascow ou Paris!

Tous ces détails, un peu techniques, m'ont fait totalement oublier de vous parler de Castellon, où j'assistais avec un certain intérêt à toutes les opérations décrites plus haut.

L'aspect de Castellon, est celui d'un gros bourg. Un air d'il y a cent ans; des coches, des berlines, des diligences invraisemblables dont on ne retrouve plus guère le type chez nous, si ce n'est au théâtre des villes de province de troisième ordre, ou au second acte du *Courrier de Lyon*, scène de l'attaque de la malle-poste. Dans les faubourgs aux petites maisons basses blanchies à la chaux, toute la population vit sur le trottoir. Les hommes fabriquent des espadrilles devant leurs portes, les femmes se peignent, ou mieux se livrent entre elles à de minutieuses investigations dans le cuir chevelu!

L'espadrille, chaussure nationale de l'Espagnol, est revendiquée par Castellon comme sa chose, sa propriété, son invention. Le père, la mère, les enfants, chacun fabrique des espadrilles. Il n'y a pas de fabrique spéciale. Elle est partout et nulle part. Le chanvre qui sert à cette fabrication se récolte dans le pays, et vient aussi d'Italie. Le *yute* vient d'Angleterre et de Calcutta. Les toiles, de Catalogne. Les espadrilles font l'objet d'un trafic très important avec l'Algérie.

Oranges à part, je quitte sans regret Castellon et je prends le train pour Vinaroz. Le voyage est charmant. A notre droite le soleil qui vient de se lever, éclaire et fait étinceler les flots bleuissants de la baie; sur notre gauche les champs d'orangers s'étendent à perte de vue. Les fruits ponctuent le feuillage sombre de leur vive couleur et il me revient ce vers de Coppée:

Les cierges étoilaient de points d'or toute l'ombre.

Par la portière des wagons nous arrivent des bouffées d'air, saturées de leur forte senteur dont le parfum nous plonge dans une sorte d'ivresse.

*
* *

Nous arrivons à Vinaroz dans l'après-midi. La ville est assez loin de la gare. Les cochers se précipitent sur les voyageurs et se les arrachent; les voyageurs ripostent à coups de cannes et de parapluies. Au milieu de cette bagarre, je me trouve en présence de deux omnibus d'hôtel. Sur l'un on lit: Hôtel de la Veuve; sur l'autre, Hôtel de la Veuve Aparici. Chacun des automédons s'efforce de m'entraîner vers sa voiture: effet naturel de la concurrence. Je me décide pour la seconde inscription, la moins énigmatique, la plus complète, et j'arrive dans une *fonda* déjà bondée de voyageurs! On me montre ma chambre, un horrible réduit sans la moindre fenêtre, en me promettant de m'en donner une autre avant le soir. A cette condition j'accepte, et je m'en vais faire un tour par la ville. L'aspect en est plaisant, gai même.

Figurez-vous une petite sous-préfecture, sans gaz, de 9.000 habitants. Un port, un vrai port, s'il vous plaît, avec deux digues, deux vapeurs à l'ancre, des barques de pêche. Les abords sont assez laids. Des grands magasins de vins, une petite chapelle isolée, et une immense *plaza de toros* que l'on reconstruit, grâce à un don de 150,000 francs d'un des richards du pays. Je rentre à mon hôtel et j'ai grand'peine à m'approcher de la table d'hôte, absolument encombrée.

La tournure singulière de mes commensaux me frappe dès l'abord. Je m'aperçois bientôt que je suis en présence d'une troupe de comédiens. Le directeur, un grave gentleman assis en face de moi, veut bien m'expliquer qu'elle se compose de vingt-huit artistes, choristes compris. Mais ceux-ci prennent leur repas au théâtre, heureusement! Faut-il le dire, tout ce monde est décent, convenable, sans pose et sans suffisance. En un mot pas un seul *m'as-tu vu* du café de Suède.

On avait soupé tard—car ici on soupe le soir—et mes artistes se levèrent de table pour gagner leur théâtre, ce qui n'était pas sans m'inquiéter un peu sur l'heure du lever du rideau, annoncé pour huit heures et demie. Je sortis à mon tour pour me diriger vers le temple de Melpomène, ancien style. Mais voilà. Où trouver ce temple? Dans les rues il n'y a pour tout éclairage que les petites veilleuses, qui brûlent devant les Saintes-Vierges, assez nombreuses à Vinaroz, mais enfin, ça ne suffit pas. Je suis machinalement quelques passants drapés dans leurs *capas* et longeant les murailles à la façon de conspirateurs. Je parviens sur une grande place tout obscure où l'on n'entend que le bruit des vagues venant se briser sur les galets de la plage et, ne voyant aucune lumière, craignant d'avoir fait fausse route, je me hasarde à interroger mon chef de file en lui demandant où se trouve le théâtre.

—Nous y allons, me répondit-il.

Et nous nous avançons, toujours au bruit des vagues, vers une grande muraille noire, qui, je l'ai vu le lendemain, est peinte en rose. Pas de fenêtres, pas d'inscriptions, encore moins de lumières: rien. A l'angle de gauche, au rez-de-chaussée, une ouverture grillée; passez le bras par l'ouverture et l'on vous remettra un carton crasseux. Poussez une porte comme pour entrer dans une chapelle, et vous vous trouverez dans un vestibule vaguement éclairé par une lampe à pétrole.

J'ai hâte de pénétrer dans la salle, je soulève une portière, et j'entre dans une petite mais coquette bonbonnière à deux étages. La société, l'aristocratie est en bas dans des fauteuils d'orchestre en bois recourbé; les pêcheurs, les gens de mer occupent les deux galeries.

Tout ce monde est silencieux et patient, car neuf heures viennent de sonner et c'est à peine si l'on apporte à l'orchestre le piano qui doit servir à l'accompagnateur. Enfin le théâtre est plein; aux fauteuils d'orchestre une colonie française assez nombreuse, les marchands de vins de Cette qui viennent passer là six mois de l'année avec leur famille, et c'est même assez bizarre ce contraste du rez-de-chaussée, qui représente à peu de chose près la composition d'un orchestre de Cluny ou de Déjazet, avec ces deux galeries bondées de rudes gars de mer à la figure hâlée.

Le programme comporte deux Zarzuelas, c'est-à-dire deux vaudevilles avec musique.

1° *Les filles de Zébédée*, 2 actes.

2° *L'Alcalde intérim*, 1 acte.

Neuf heures et demie! et le piano résonne sous les doigts du pianiste.

Le sujet des *Filles de Zébédée* est taillé absolument sur le modèle de nos vaudevilles à quiproquos. Cela ne m'étonnerait pas que ce fût une adaptation de quelque grosse charge d'un de nos petits théâtres, et pour cette raison même, je ne m'y arrêterai pas. Mais *l'Alcalde intérim* étant une critique espagnole des mœurs locales, d'une piquante originalité, mérite une courte analyse.

La scène se passe dans un petit village; l'alcalde, ou maire, est mort il y a un an. C'était un homme d'un mérite extraordinaire, d'une inteligence rare, et il est universellement regretté. *L'Alcalde intérim*, son successeur, est assurément rempli de bonne volonté, mais c'est un gros paysan illettré qui se reconnaît d'ailleurs lui-même parfaitement au-dessous de sa tâche. Pour célébrer dignement l'anniversaire de la mort de son illustre prédécesseur, le nouvel alcalde a décrété qu'il y aurait procession solennelle au cimetière, avec bannières de deuil et chants funèbres adaptés à la circonstance. Un garçon du pays qui passe pour être plus avisé que les autres, a été chargé de composer une oraison funèbre. Très ému, il a dejá écrit son discours sur une feuille de papier, afin, comme il le déclare, de pouvoir mieux «l'improviser» au cimetière. Enfin le curé, le charbonnier et le forgeron, qui sont les trois hommes les plus noirs du pays, marcheront en tête de la procession, et le maître d'école, qui est musicien à ses heures, ne pouvant prononcer un discours pour rappeler qu'on lui doit sept mois de traitement —le nouvel alcalde s'y étant opposé—s'est contenté d'écrire une marche funèbre qu'il va faire répéter sur la place du village.

Pendant qu'on se livre à ces divers préparatifs survient un télégramme annonçant l'arrivée du gouverneur qui est en tournée, et cette arrivée coïncide précisément avec l'heure de la cérémonie au cimetière. Comment s'y prendre pour contenter et les fervents admirateurs de l'ancien alcalde, et les partisans politiques du gouverneur? On divisera le village en deux camps, et tandis qu'une partie de la population se rendra au cimetière avec les bannières de deuil, l'autre ira en habits de fête, au devant de M. le gouverneur.

Ici se place une des scènes les plus franchement drôles de l'ouvrage, car le maître d'école entreprend de faire répéter à la fois les hymnes funèbres et les chants d'allégresse, et il faut le voir battant la mesure, conduisant les deux chœurs à la fois, pleurant avec les uns, riant avec les autres. C'est inénarrable, et le garçon qui remplissait ce rôle est bien un des acteurs les plus comiques, les plus vrais et les plus fins que j'aie jamais entendus.

Un Français qui était avec nous, et qui ne comprenait pas un mot d'espagnol, en riait aux larmes, et nous déclarait qu'il n'avait rien vu d'aussi franchement risible au Palais-Royal. Vous devinez n'est-ce pas, qu'à la suite d'un malentendu, le gouverneur trouve sur son passage le cortège des pleureurs, tandis que le gars du village chargé de l'oraison lui débite vivement son attristant discours, espérant sauver la situation.

Nous avons revu les artistes après le théâtre. Les malheureux s'apprêtaient à passer la nuit dans la salle d'attente, pour prendre le train de quatre heures du matin qui devait les emmener à Castellon. Je félicitai le directeur sur la composition de sa troupe et particulièrement sur son comique et j'ajoutai:

—Et la recette?

—Salle pleine, me dit-il, maximum, deux cent cinquante.

—Et les frais?

—Soixante-quinze francs.

C'est égal, ving-huit personnes! Je ne me fais pas bien une idée de ce que peuvent gagner les artistes.

Elle est curieuse à étudier cette colonie française que l'on trouve égrenée tout le long de la côte, depuis Barcelone jusqu'à

Alicante, et plus drôle encore la société des tables d'hôte et des *posadas*. A côté du gros commerçant aisé qui a sa maison d'exportation, à Valence, à Reus, à Tarragone, voici le courtier qui achète les vins ou les oranges à la commission. Celui-ci ne craint pas de faire des trajets de vingt heures à dos de mulet dans la montagne. Puis l'acheteur de passage et le « truqueur », que j'aurais bien envie d'appeler l'«écumeur» car il est difficile de définir son métier. Honnête? il peut l'être, mais souvent il cherche à «faire un coup». C'est lui qui se présente dans une maison sans bien savoir lui-même ce qu'il va dire. Selon la tête du monsieur, il demandera de la représentation ou de la consignation. On sait ce que ce dernier mot veut souvent dire; il s'agit de se faire livrer à Cette, à Marseille, ou quelque part de la marchandise sur laquelle on avance le moins qu'on peut.

Une fois à Cette, par exemple, il est toujours facile de se procurer de l'argent sur du vin en consignation. Alors il faut les voir, les «écumeurs» qui viennent à la côte, argent ou non en poche, mais plus généralement munis de fonds, car il s'agit de montrer patte blanche. Ils étalent leur billets de banque, donnent des avances pour le moins qu'ils peuvent, tâchent enfin de faire livrer: tout le talent est là.

Je parle des vins: mais il en est de même pour les fruits. On m'a fort bien expliqué dans le pays que l'on pouvait commencer à brasser des affaires sans un sou.

Quelques-uns réussissent. La plupart échouent. Les allemands ont la spécialité de ces opérations hasardées.

Un courtier en oranges va trouver un paysan et lui dit: «Je prends ta récolte pour 4,000 francs. Tu m'apporteras tes oranges samedi au port du Grao. Je te donnerai séance tenante trois mille francs. Tu auras le reste dans six semaines.» Evidemment le paysan a vendu un peu plus cher, le courtier n'a pas trop marchandé, mais le paysan alléché par l'appât du gain, veut en courir la chance. Que fait alors le courtier? Il s'en va trouver une maison de banque *ad hoc* et lui dit: «Samedi j'aurai sur le port pour quatre mille ou quatre mille cinq cents francs d'oranges. Il me faudrait de suite trois mille cinq cents francs.» Le prêteur, qui ne travaille pas pour rien, lui dit alors: «Soit, seulement je mets l'embargo sur votre marchandise jusqu'au point d'arrivée» (qui est presque toujours Liverpool).

Le samedi arrive; le paysan apporte ses oranges. Le courtier lui donne les trois mille francs convenus, et en garde cinq cents pour lui.

Il expédie le tout à Liverpool, et si la marchandise est vendue, et bien vendue, il s'en tire. Sinon le prêteur se couvre, et le paysan ne sera jamais payé du reste.

Certes, il y a de grosses maisons, mais voilà la façon d'opérer des «bricoleurs»: quelques-uns d'entre eux ont fait fortune. Ils ont été honnêtes,—ils ont eu de la chance—ils ont payé. Je répète que je mets hors de cause les maisons respectables françaises, anglaises, etc., etc., qui ont des représentants en Espagne et qui payent leurs achats au comptant. Mais il n'en est pas moins intéressant d'étudier un peu les dessous de ce commerce.

Le lendemain j'étais à Benicarlo, une vieille, très vieille ville arabe demeurée à l'état sauvage. Types arabes; maisons arabes; ça et là de hauts palmiers émergeant des jardins. Sur le pas des portes, comme dans toute cette partie de l'Espagne, les femmes, assises sur des tabourets, ne cessent toute la journée de se livrer—étranges passe-temps — à ces inspections de la chevelure de leur voisines dont nous avons parlé plus haut.

Eh bien! qui le croirait? Dans ce village triste et monotone, il existe de très grosses fortunes. Mais elles sont dissimulées. Les mœurs sont demeurées absolument primitives.

D'abord le petit propriétaire hésite toujours à vendre sa récolte. Son vin, par exemple, on ne peut pas le lui voler, tandis qu'il n'en est pas de même de l'argent qu'il en retire. On cache, on enfouit l'or et l'argent. Le papier n'a pour eux aucune valeur; encore moins les placements d'Etat, chose inconnue.

Je n'avais pas plus tôt mis les pieds à Benicarlo, que l'on me demanda si je connaissais «le Français». Quel Français? On me répondit que c'était un jeune homme *muy guapo,* ce que je traduis librement par «très chic». Et l'on m'apprit qu'il prenait pension à ma *posada.* Du reste je crois qu'il n'y en a qu'une. J'allais donc enfin voir le «Français».

Deux mots d'abord sur cet «hôtel». Au premier étage est un café où l'on joue de l'argent jusqu'à une heure avancée de la nuit. Au second une table d'hôte et des chambres. Je dine en compagnie du directeur des douanes que j'avais pris pour un médecin—et de deux avocats des environs, qui m'a-t-on dit—que ne dit-on pas?—viennent uniquement à Benicarlo pour jouer gros jeu.

Mon jeune homme arrive enfin: il a un complet de velours, genre chasseur; vingt deux ans, accent parisien, l'air un peu «casseur» mais possédant néanmoins une certaine éducation.

On a vite fait connaissance à Benicarlo.

—Vous êtes de Paris.?

—Oui, me dit-il, j'arrive des bataillons d'Afrique et du Tonkin, j'étais engagé volontaire.

—Et maintenant?

—Maintenant. j'achète des vins pour une grosse maison de Bercy, la maison X. Je vais aussi voir nos correspondants en Suède, en Hollande, en Belgique.

—Pour les vins?

—Toujours pour les vins. Aujourd'hui j'embarque deux cents fûts.

—Vous parlez espagnol?

—Je commence depuis deux mois, oh! ça m'est égal, ils me comprennent.

—On ne s'amuse pas ici.

—Non, pas trop. Mais vous allez voir, je me suis créé des occupations, je les ai mis au pas. Je cause à tout le monde «ça les épate». On me dit: Ce sont des pêcheurs, des tonneliers. Qu'est-ce que ça me fiche! Je dis à l'un: Eh! bien mon vieux ça *boulotte* aujourd'hui? ça ou autre chose: alors nous prenons un petit verre, tout le monde me sert la main. Quand je suis arrivé, ça m'a coûté cinq cents consommations. Après, j'ai fait mes prix. A présent je paie un franc vingt cinq de plus par jour à l'hôtel, mais je consomme tout ce que je veux. Tiens, voilà Paco!

En me disant cela, il me montrait un grand garçon timide de dix-huit ans.

—Eh bien! poursuivit-il, vous le voyez ce grand garçon-là! Je vais le marier avec la petite Luisa. N'est-ce pas Paco? Il comprend un peu. N'est-ce pas *à casarte? Con Luisa? Tu novia?* Ils ne s'aiment pas du tout; mais je le leur ai persuadé, et ça va marcher.

Et tout cela dit sans pose, naturellement.

—Il faudra venir, ce soir, au café. Vous verrez cela. A onze heures, ils sont tous saouls. Alors, comme je suis très fort,—et en disant cela il me montrait des bras d'Hercule,—on vient me chercher pour séparer les combattants. Je leur dis: Tas d'imbéciles, voulez-vous me f...iche le camp! Et ils s'en vont.

Il était environ deux heures, et le déjeuner, ou dîner, s'achevait.

—Venez à la gare avec moi, me dit-il. Nous allons voir passer le train. C'est la grande occupation de la journée. On va voir le seul train qui passe, et on prend en même temps ses lettres.

Tout en causant, il avise le petit omnibus de l'hôtel, chasse le cocher de son siège, lui prend sa place, saisit les rênes et fouette les mules, tandis que les voyageurs criaient: Eh! attention! *tartanero* d'occasion! ne versez pas!

C'était un fond de bonne humeur intarrissable. Fils d'un colonel tué pendant la guerre, portant un nom illustre, appartenant à une nombreuse famille, dont tous les membres suivent d'honorables carrières, lui, joyeux, insouciant, enfant gâté, tapageur, erre ainsi depuis trois ou quatre ans par les chemins.

Je fus exact au rendez-vous du soir. Peu à peu le café éclairé par quatre quinquets à pétrole, s'emplit de consommateurs coiffés d'un mouchoir violet foncé en guise de serre-tête. Un pianiste (qu'allait-il faire en cette galère?) joue des ritournelles. Les petites salles sont encombrées de joueurs. Tout-à-coup le patron de l'établissement vient frapper sur l'épaule de mon nouvel ami. Celui-ci se lève, sort sans rien dire, et revient cinq minutes après.

—Toujours la même chose! murmura-t-il en se rasseyant. Gaspard voulait flanquer des coups de *navaja* à Antonio.

—Vous les avez séparés?

—Ils sont partis bras-dessus bras-dessous. Oh! Le patron le sait bien. Ils n'écoutent que moi. Ce sont de bonnes gens au fond, mais il faut les connaître.

Tout le monde m'aime ici, moins les bourgeois. Mais comme je leur achète leur vin, ils sont bien forcés de se taire.

Il était près de minuit, nous nous séparâmes.

Je ne l'ai jamais revu.

AU PAYS DES PARFUMS

Les champs de Nules et de Burriana.—La campagne de Valence.—Sagonte.—Annibal, Pompée et César.—Le *pronunciamento* de Martínez Campos et les marchandes *d'agua fresca*.—La culture des plantes à parfum.—La cité du Cid.—Le Turia.—A quoi peut servir un fleuve.—Le Grao et le Cabañal.—L'essence de géranium.—La cueillette de la fleur d'oranger.—Carcagente.—Le commerce des pétales, des orangettes, du petit grain.—Le choléra à Carcagente.

Du pays des oranges où je vous ai conduits, au pays des parfums où je veux vous conduire, il n'y a qu'un pas insignifiant que nous franchirons en quelques heures de chemin de fer.

Nous laisserons derrière nous les champs de Nules et de Burriana: des orangers, toujours. Je remarque que depuis huit jours (fin avril) ils sont tous en fleurs, tandis que la terre se recouvre d'un joli tapis vert tout constellé de bleuets et de coquelicots. Aux gares, de petits paniers de fraises font déjà leur apparition.

Plus on s'avance vers le sud, dans cette délicieuse campagne de Valence, et plus les champs présentent un coup d'œil enchanteur. A côté du vert pâle et triste des gros oliviers, voici le vert foncé des grenadiers, puis le vert frais et vif des figuiers. La vigne bourgeonne sur la terre rouge. Nous nous rapprochons des montagnes qui resserrent ce jardin entre la mer et leurs flancs rocailleux. Déjà s'allonge au loin, dans les brumes bleues, le profil de l'antique Sagonte qui ressemble ainsi à un sphinx dont la tête serait tournée vers la mer et la croupe vers la montagne; et, sur cette croupe, une muraille crénelée, édentée, branlante de la tête à la queue. Puis aux pieds du sphinx, un gros bourg.

Oh! Sagonte! Voilà donc tout ce qui reste de ta grandeur! La nuit tombe, enveloppant de son long voile les gros oliviers et les verts figuiers de la plaine. Ecoutons dans la nuit: ces ombres qui descendent des montagnes, ne sont-ce point les ombres des légions romaines qui se lèvent pour arrêter l'envahisseur; ce frémissement parmi les feuilles que secoue la brise de mer, n'est-ce point le cliquetis des épées impatientes, l'entrechoquement des boucliers? Hélas! les légions invincibles s'enfuient, Sagonte est prise, et Annibal, torrent impétueux, passe comme il passera, du même pas tranquille et lent, les Pyrénées, le Rhône et les Alpes.

Puis les siècles s'écoulent. Sagonte s'est relevée. Mais c'est encore dans ses plaines que vont en venir aux mains les armées de Pompée et de César. Quelles sont ces flammes qui s'élèvent vers le ciel en tourbillons serrés? Quel est cet immense brasier que reflète au large la mer d'un bleu sombre?

Que retrouvons-nous à présent?

Quelques vieux remparts ridicules qui se tortillent sur les flancs d'un coteau, une forteresse qui nous rappelle celles que l'on donne aux enfants pour les démolir à coups de boulettes de mie de pain, une ville insignifiante et sans relief, le souvenir d'un *pronunciamento* cher au maréchal Martinez Campos, et les petites marchandes de la gare qui, en toutes saisons, vous offrent un verre d'*agua fresca*.

La culture des plantes à parfums en Espagne est due à des Français: ce sont des Français que nous trouverons au Cabañal, près Valence, se livrant à cette industrie, des Français encore à Carcagente. Nos voisins les Espagnols sont assurément de charmantes gens, mais qui méconnaissent la richesse de leur sol, et ne savent pas en tirer parti. Qui croirait, par exemple, qu'en Espagne, où les plantes et les fleurs poussent à profusion, l'horticulture y est encore à l'état d'enfance, absolument méconnue, et que les quelques jardiniers français qui se sont aventurés à fonder des établissements d'horticulture dans ces parages en sont encore à chercher un amateur d'une plante rare?

Je m'étais proposé de visiter tout particulièrement un grand établissement où l'on cultive la plante à parfums, d'où l'on extrait, comme on sait, les essences. Le voyageur qui arrive à Valence par la ligne de Tarragone est tout à coup délicieusement surpris. Au moment où il aperçoit à sa droite, dans le lointain, les clochers, les dômes et les tours de la cité du Cid, à sa gauche, sur une longueur de plus d'un kilomètre, il longe des buissons de lauriers-roses, d'une hauteur de trois ou quatre mètres, et qui servent tout simplement de clôture à une propriété de cinquante hectares. Puis, derrière cette haie gigantesque de lauriers-roses dont le coup d'œil est vraiment merveilleux dans la saison de la floraison, voici une petite forêt de palmiers, et, à perte de vue, des orangers, des citronniers, des caroubiers, des eucalyptus, des magnolias, toute la gamme des plantes exotiques qui poussent là en pleine terre et qui s'épanouissent comme en serre chaude sous cette température exceptionnelle, de telle sorte que les pauvres palmiers de Nice, cependant si vantés, ne nous apparaissent plus dans notre souvenir que comme des arbres rabougris avant l'âge, et souffreteux.

Nous sortons de Valence et nous traversons le *Turia* sur un beau pont de pierre gardé par une vierge et un saint qui se font vis-à-vis chacun dans une petite pagode à trois colonnes, recouverte de tuiles vernissées.

Oh! ce Turia, ce fleuve sans eau, avec ses ponts de dix arches, et ses immenses quais du siècle passé! Il y a mieux. Vers le milieu de chaque pont nous trouvons un immense escalier monumental qui nous descendra au milieu du fleuve si le cœur nous dit d'y faire une petite promenade.

J'ai habité Valence plusieurs semaines, et je me suis plu à découvrir chaque jour un emploi nouveau auquel pouvait être affecté le Turia. Je l'ai vu successivement transformé, suivant les circonstances, en:

Un champ de manœuvres pour la cavalerie;
Un tir aux pigeons pour les oisifs;
Un champ à l'herbe rare pour les moutons;
Un endroit pour promener les chiens;
Une esplanade pour faire voler les cerfs-volants;
Un lavoir pour les blanchisseuses qui grattent le sable;
Un séchoir pour les mêmes;
Une carrière de sable;
Un endroit pour laver les voitures;
Une école de clairon;
Un but de promenade pour petits et grands;
Une foire;
Un endroit pour la contrebande par les grilles d'égoût;
Et enfin le dépotoir naturel de toutes les ordures de Valence!

Et, malgré cela, je défie qui que ce soit de passer une seule fois sur le pont sans trouver un chapitre nouveau à ajouter aux précédents. Qui aurait cru jamais qu'un fleuve d'Espagne pouvait servir à tant de choses?

Ne riez pas cependant, car il y a des jours où le monstre engourdi se réveille; et ces réveils-là sont terribles. Les eaux furieuses coulent à pleins bords, et les parapets de pierre, qui font si ridicule figure en temps ordinaire, sont à peine suffisants pour contenir ces effrayants débordements.

Le pont franchi, nous suivons en tramway l'interminable et maussade chemin du Grao, qui est, comme on sait, le port de Valence. Nous tournons sur la gauche, traversons un village, qui s'appelle le Cabañal, célèbre par ses processions fameuses et ses tableaux vivants de la semaine sainte, puis nous voici dans la campagne, en bordure de la mer. Une belle allée de palmiers nous conduit au milieu des fleurs. Je pense qu'il est difficile d'en embrasser davantage à la fois du regard. Toutes ces plantes à parfums, uniquement cultivées pour la fabrication des essences, poussent là, à même, dans le sable chaud, et sans jamais être arrosées.

Savez-vous bien, mesdames, alors que vous parfumez votre mouchoir, combien il a fallu cultiver de plantes pour en tirer l'essence, c'est-à-dire le parfum même le plus subtil, sous la forme la plus concrète, la plus concentrée? Savez-vous, par exemple, qu'il faut *mille* kilos de feuilles de géraniums pour obtenir *un* kilo d'essence de la même feuille; le reste à l'avenant. Car, en effet, l'essence s'obtient non pas, comme on pourrait le croire, avec la fleur, mais avec la feuille que l'on entasse dans d'immenses autoclaves hermétiquement fermés. La vapeur inonde les autoclaves bourrés de feuilles; là, elle s'empare de leur parfum, s'échappe au moyen de serpentins de cuivre dans un vaste réfrigérant, et vient, en se liquéfiant, tomber dans des récipients de verre où la séparation des deux liquides, essence et eau, se fait naturellement par suite de leur différence de densité. Il ne restera plus qu'à faire subir à cette essence l'opération du filtrage, avant de l'enfermer dans des flacons.

Voici l'essence de géranium d'une belle couleur vert émeraude, l'essence de vétiver couleur jaune ambre, l'essence de verveine d'une belle teinte d'or vermeil. Qui saura jamais combien de savons, de pommades, d'élixirs, de parfums de toute espèce se fabriqueront ensuite dans le monde entier avec ces mêmes essences que nous avons vu extraire au Cabañal, et le nombre infini des plantes parfumées qu'il a fallu cultiver pour les obtenir?

Le pays des parfums n'est cependant pas qu'au Cabañal. Quelques jours plus tard je prenais le chemin du sud, vers Carcagente, petit pays perdu au milieu des bois d'orangers, et où se fabrique tout spécialement l'eau de fleurs d'oranger. J'arrivais juste au bon moment de la cueille qui, malheureusement, ne dure que quinze jours.

Je remarque tout d'abord que l'oranger de Carcagente est beaucoup plus grand et plus fort que celui de Burriana. Tandis qu'au nord, dans la *Plana*, on le cultive en pied, ici, dans la *Marina,* il s'enfonce en terre, et ses feuilles touchent le sol. Ce ne sont plus des allées, des rangées d'orangers comme à Nules, mais des taillis épais, un fouillis d'arbres, et des arbres géants.

J'ai dit que la cueillette de la fleur d'oranger ne durait que quinze jours à peine, et j'y reviens. L'orange jaunit en novembre et reste sur l'arbre jusqu'en avril ou mai. A cette époque commence la floraison. Mais cette floraison est surabondante, excessive. L'arbre est littéralement couvert de boutons blancs. Une partie s'enlève à la main, et se vend: c'est le bénéfice des pauvres et des enfants qui accourent à Carcagente apporter dans des sacs les fleurs d'orangers que les fabricants achètent au poids, pour quelques sous.

Ah! quelles bonnes odeurs nous avons respirées dans les ateliers de triage de Carcagente, et comme cela nous remettait le cœur après les émanations douteuses du Turia.

Voici, d'une part, le *bouton*, qui, desséché ensuite sur des claies d'osier, servira pour la droguerie; d'autre part la *pétale fraîche* qui, entassée dans des autoclaves traversés par des courants de vapeur, ainsi que nous l'avons expliqué pour l'essence de géranium, produira un kilo d'essence de néroli, par chaque 2,000 kilos de pétales, et de l'eau de fleurs d'oranger, séparée tout naturellement de l'essence de néroli par suite de la différence de densité. N'allez pas chercher autre part les secrets de la fabrication de l'eau de Cologne et des parfumeries de Grasse qui s'approvisionnent dans les bois d'orangers de Carcagente.

Mais l'arbre aura eu beau avoir été privé d'une partie de ses fleurs, il en est resté encore trop; pour que le fruit puisse se développer il faut dégager l'arbre: à cet effet, et sur une branche qui, je suppose, porte six ou sept fruits, on enlève trois ou quatre *orangettes* pour laisser la place aux autres. Cette orangette, séchée à l'ombre, servira pour la fabrication des amers que l'on consomme dans le nord de l'Europe, ou distillée, produira l'essence de *petit grain* que l'on emploie en parfumerie, spécialement pour la fabrication de l'eau de la Reine de Hongrie.

Je ne dirai pas grand'chose de Carcagente, qui n'est qu'un gros village, mais je n'oublierai jamais mes promenades dans les bois d'orangers tout en fleurs. Pourquoi faut-il, qu'à côté de ces merveilles de la nature, les gens de ces pays croupissent dans une malpropreté répugnante!

On me faisait voir, près du cimetière, une petite rue où tous les habitants, sans exception, moururent du choléra il y a quelques années.

—Comment voulez-vous qu'il en soit autrement? ajouta aussitôt mon compagnon, qui, habitant Carcagente, en connaît à fond les mœurs et les usages. Le bacille du choléra rencontre sur sa route des terrains impropres à sa culture, d'autres au contraire tout préparés. Or quel meilleur terrain pour le bacille que l'estomac de ces gens qui ne mangent jamais de viande, ne boivent que de l'eau, sans se soucier si elle est propre, et ne se nourrissent que de melons d'eau, de pastèques ou de tomates, bien souvent à moitié pourris?

Le pays des parfums est bien beau, mais je crois, entre nous, qu'il est meilleur de n'y pas vivre.

PASSION, MORT ET RÉSURRECTION
de Jésus Christ

La Passion sur les planches.—Le théâtre de Ruzafa.—La pièce de M. Enrique Zumel.—Un fauteuil d'orchestre pour vingt cinq sous.—Les *caballeros* et les *chiquillos*.—Un curieux programme.—Le rôle du Christ et les apôtres.—Un ballet dans la Passion.—Naïveté des détails.—Un mot profond d'un de mes voisins.

Je ne sais si le drame en vers, la *Passion*, de M. Haraucourt, drame dont les fragments ont été si mal accueillis une année avec madame Sarah Bernhardt au Cirque d'Hiver, parviendra à captiver les auditeurs *fin de siècle*, mais je crois sincèrement que nous sommes rebelles à l'exhibition des Mystères. Nous n'avons plus la naïveté voulue pour aller les écouter comme parole d'Evangile, et, d'autre part, nous mettons la religion trop haut—si toutefois il nous en reste—pour la faire descendre sur des tréteaux.

Mais ce que nous ne trouvons plus en Fran

ce, nous le retrouvons encore en Espagne, où, là du moins, en tant que spectacle populaire, nous pourrons, comme tous les ans du reste, aller voir jouer pendant la Semaine sainte la *Passion, mort et résurrection de Jésus.*

En Espagne? La chose pourra étonner tout d'abord. Eh! quoi, dans un pays où la religion catholique est si puissante, où le clergé règne en maître absolu? La Passion sur les planches! Pas de censure! Pas de huis clos! Et le public exposé à applaudir Jésus-Christ, ou à siffler la sainte Vierge, selon que celui-ci ou celle-là s'acquittera plus ou moins convenablement de son rôle!

— Absolument! vous l'avez dit.

Mais, avant de prendre notre fauteuil, ou mieux notre stalle en bois — car, dans les théâtres populaires comme celui de Ruzafa où je vous mène, les fauteuils rembourrés sont chose parfaitement inconnue — vous aurez le soin, s'il vous plaît, de laisser vos vieux préjugés au vestiaire — on peut les reprendre à la sortie — et d'avaler, bon gré mal gré, entre le bureau et le contrôle, le petit discours que voici :

«Nous allons voir représenter la *Passion, mort et résurrection de Jésus,* drame sacré en sept actes, en quinze tableaux et en vers, texte original de D. Enrique Zumel. Il y a plusieurs *Passions*. Le hasard nous fait tomber sur celle-ci. Acceptons-la sans marchander. Mais, tout en satisfaisant notre curiosité d'étrangers, je vous ferai remarquer que nous n'avons droit à aucune exigence; ne nous montrons pas difficiles. Nous avons payé notre fauteuil la modique somme de 1 fr. 25, et je pense bien que vous n'attendez pas de la Direction une mise en scène digne du *Mage,* ni des décors signés Rubé et Chaperon. Il peut nous arriver, et mon devoir est de charitablement vous en prévenir, que nous voyions Jésus et ses apôtres se promener à travers les rues de Séville, prier dans un jardin dessiné par Lenôtre, ou encore le Rédempteur être enseveli dans un coffre à bois. Si vous vous arrêtez à ces détails, je vous en supplie, n'entrez pas. Mais, si cela vous est indifférent de voir marcher le Nazaréen au supplice, escorté de soldats romains qui jouent du cornet à piston, dépêchons-nous d'aller nous asseoir dans nos stalles, car la salle s'emplit et l'on ne tardera pas à commencer. »

Ces petites observations indispensables vous auront été débitées à voix basse et d'une façon très rapide, tandis que vous traverserez le vestibule, auquel est attenant un grand café où sont attablés une foule de consommateurs. Nous pénétrons de plain-pied dans la salle où l'on lit sur de grandes pancartes: « Par ordre du gouverneur il est défendu de fumer », et où un nuage de fumée de tabac opaque flotte déjà au-dessus de nos têtes, avant le lever du rideau. Un garde municipal adossé à une colonne, au-dessous de la belle pancarte, semble du reste nous donner un encouragement muet en savourant un gros cigare.

Le théâtre éclairé à la lumière électrique — on ne se refuse rien à Valence — n'a que trois étages, mais il est tout en profondeur, comme la plupart des théâtres espagnols, et peut facilement contenir deux mille à deux mille cinq cents places. L'ornementation en est sobre. Quelque chose comme la décoration intérieure de nos théâtres de Belleville ou de Montmartre. Au beau milieu de l'orchestre, une large allée — comme jadis à Ventadour! — où vont et viennent des garçons de café, leur éternelle cigarette aux lèvres, la serviette blanche sur l'épaule. Car, bien que les dossiers des stalles ne soient pas munis de planchettes pour y placer les consommations, comme dans nos cafés-concerts, il nous sera permis de nous faire apporter une bière ou une limonade après la scène du Jardin des Oliviers, ou bien encore avant le désespoir de Judas.

La salle est comble. Quelques *caballeros*, mais principalement, et à toutes places, de petits employés avec la *capa*, des artisans, des ouvriers, des cultivateurs même avec le foulard sur la tête et les pieds chaussés d'espadrilles. Des femmes du peuple avec leurs enfants auxquels elles ont promis de faire voir « la Mère de Dieu » et « Notre-Seigneur » de tout près.

Tout ce monde est calme. Des *chiquillos* vendent les journaux du soir et aussi, détail caractéristique, en guise de programme : « Les prières à lire pendant la sainte messe, et la visite au Très-Saint-Sacrement. » L'orchestre attaque la symphonie, et la toile se lève sur le Repentir de Madeleine.

Le rôle du Christ est tenu par le directeur. Le costume, la tête, le geste, tout est bien conforme à la tradition. On comprendra sans peine que ce rôle, étant le *clou* de la soirée, ne peut être confié au premier venu. J'aime moins les apôtres. Les apôtres — ou le perruquier du théâtre, je ne sais, — ont eu une terrible idée : celle d'adopter tous la même tête, la tête des rois mérovingiens que nous nous amusions jadis à enluminer sur nos précis d'histoire du premier âge. Je ne me doutais pas que Mérovée eût laissé autant de descendants. Cela ne fait trop rien encore quand ils marchent par le flanc, les bras croisés, tous les apôtres ; mais quand ils sont de face, en ligne, impossible de ne pas songer au massacre des Innocents, le jeu qui fait fureur, précisément en ce moment de l'année, à la foire du Trône.

Mais vous avez été prévenus. Nous sommes venus pour l'action, pour le drame, et c'est de l'action seule que nous devons nous occuper. Le vers est facile, sonore quelquefois, compréhensible toujours. Quant à la trame... oh! n'allons pas chercher bien loin. Jésus entre à Jérusalem sur l'âne légendaire, et le peuple l'acclame. L'infâme Judas ourdit l'horrible complot et vend son maître ; nous assistons à la Cène, à la prière du Jardin des Oliviers, à la trahison de Judas, puis à sa pendaison. Et, comme il ne faut pas que les enfants s'endorment, l'auteur a judicieusement pensé qu'un petit ballet ne ferait pas mal sur le coup de dix heures et demie.

Un ballet, dans la Passion! Il est avec le

Ciel — et même avec l'Enfer — plus d'un accommodement. Cette canaille de Judas vient de se pendre, et voilà une superbe occasion d'esquisser un petit pas de deux. Des diablotins surgissent de toutes les trappes, viennent décrocher ce pendard, ou plutôt ce pendu, l'emportent au fond des enfers, et en profitent pour se livrer à des ébats qui ne sont pas sans nous faire faire quelques réflexions sur ce terrible séjour où les feux rouges de Bengale sentent si mauvais.

Le drame se corse, naïf et touchant dans sa simplicité. Nous sommes chez Pilate, dans un décor fort convenable, ma foi, le meilleur de la soirée. Oh! la belle occasion qu'il y aurait là pour un metteur en scène de reconstituer le Munckacsy que l'on sait! mais la question artistique ici ne compte guère. Aucun détail désormais ne nous est épargné, ni la flagellation, ni la couronne d'épines, ni le manteau de pourpre, ni le roseau, ni le chemin de la croix. Jésus rencontre sa mère, et ici, réellement, on oublie et le décor mesquin et le cortège grotesque. La scène est si belle par elle-même que les larmes coulent de tous les yeux, et l'éternelle histoire, connue, archi-connue, sans procédés, sans préparation, sans rien, trouve encore le moyen d'émouvoir et de secouer les âmes, en nous mettant seulement deux êtres en présence: une mère, un fils, et la souffrance vraie dans ce qu'elle a de plus profond et de plus humain.

Après la scène du crucifiement, assez naturaliste, puis celle de la descente de croix qui cherche à rappeler la toile de Rubens, il serait, je crois, prudent de s'arrêter. Mais le public en veut pour son argent, et après une mise au tombeau qu'on ne ferait pas mal de supprimer, il nous faut assister encore à une Résurrection avec fond lumineux, projections électriques et décors en papier doré.

Certes nous voilà bien loin, n'est-ce pas, de nos raffinements littéraires ou de nos recherches historiques; car, supposez un seul instant à Paris l'interdiction de la censure levée; supposez ce même drame porté, avec l'appareil qu'il comporte, sur une de nos grandes scènes, à la Porte-Saint-Martin ou au Châtelet. Et voici tous nos érudits, nos peintres, nos dessinateurs, nos costumiers, aussitôt sens dessus dessous pour découvrir comment Jésus, qui ne portait peut-être pas de chaussures, se chaussait; quelle était la façon dont les Hébreux mangeaient à table; la couleur du petit âne ou celle des cailloux du Golgotha. Puis alors, chose étrange, il se trouvera que ce sujet, si beau et si grandiose dans sa simplicité, obéissant sans doute à la parole de l'Évangile, n'en sera que plus abaissé par cela même qu'on aura voulu l'élever; où tous nos raffinements de civilisation n'aboutiront qu'à un effort stérile, un auteur naïf aura réussi, n'ayant à son service que des comédiens sans renom, des décors de banlieue, des costumes empruntés au fripier du coin de la rue.

Ignorance! direz-vous.

Ignorance, soit. Mais vive cette ignorance qui me ferait entendre les pièces de Shakespeare dans leur intégrité, en quarante tableaux et dans un seul décor, et qui me ferait me contenter d'une pancarte m'indiquant à chaque scène si nous sommes dans un palais ou dans un jardin! Oui, vive cette ingénuité, par haine du culte pour le bric-à-brac et le bibelot, qui, depuis vingt années, a étouffé dans l'œuf toute conception géniale!

Revenons aux réalités.

Le mystère religieux, en France, avec Jésus et la Vierge sur la scène, est impossible, je crois, pour les raisons développées plus haut. Nous voulons plus, et nos efforts qui tendent à trop bien faire, nous feraient vite apercevoir, pour un pareil sujet, que le trop bien serait de beaucoup le pas assez. La naïveté, par contre, naïveté de l'auteur, des interprètes, du décorateur, du costumier, jointe à la naïveté du public, sauve tout.

— Mon ami, disait un de mes voisins de stalle à un paysan qui avait oublié de retirer son chapeau, il faut vous découvrir, non seulement parce que c'est l'usage au théâtre, mais encore parce que *vous êtes en présence de Notre-Seigneur*.

L'homme rougit, et s'excusa.

Tant que nous n'aurons pas de ces publics-là, il nous faudra renoncer à nos projets.

FÊTES ET TRADITIONS DE VALENCE

Le Saint Joseph et les *fallas*.—Les Pépés et les Pépas.— Le jour des Rameaux et le Jeudi Saint.—Les *monuments* et la procession du San Entierro.—Le Samedi saint et le *Toque de gloria.*—La prison de San Agustin.—Un bandit et 150 ans de chaîne.— Plaisirs champêtres.— La Saint Vincent. — Les processions et la *Mort de la princesse.*—La maison natale de Saint Vincent.

Nulle part en Espagne les traditions ne sont restées aussi vivaces que dans la province de Valence. Nulle part les fêtes n'y sont aussi nombreuses ni aussi variées. Dieu sait combien nous en avons vu défiler sous nos yeux pendant les trois mois que nous y avons demeuré! C'est dans ces fêtes assez naïves qu'il faut voir le peuple, le juger. Je commencerai par vous parler tout d'abord des *fallas.*

La Saint Joseph, qui tombe comme on sait le 19 mars, ayant été décrétée fête officielle depuis 1890, le peuple de Valence en profite aussitôt pour organiser des *fallas*. Dans tous les quartiers de la ville on choisit un carrefour, une petite place. Là, l'on dresse à la hâte une estrade, et sur cette estrade les habitants du quartier placent des mannequins: quelque chose comme une scène du musée Grévin. Le soir de la Saint Joseph on met le feu à la *falla* au bruit des danses et des chants.

La *falla* cependant a une signification; elle a toujours pour objet une critique assez vive, soit contre le gouvernement, soit contre la municipalité. Aussi les sujets choisis doivent-ils être au préalable soumis à l'autorité, qui les accepte presque toujours. Néanmoins l'alcalde et ses syndics viennent se rendre compte par eux mêmes de l'effet produit par la *falla*, s'assurer que l'on n'a pas empiété sur l'autorisation donnée, et enfin que la permission n'a pas dégénéré en licence.

Vous jugez de l'émulation qui règne quinze jours à l'avance, sinon plus, dans tous les quartiers populeux; c'est à celui d'entre eux qui aura la plus belle *falla*. Les journaux en publient d'avance la description sans omettre le moindre détail; les chansonniers se mettent à l'œuvre; on imprime de petits livrets écrits en vers, et que l'on vend un sou; là se donne l'explication de chaque *falla*. Certaines rues se pavoisent de petits drapeaux espagnols. Enfin quelques quartiers poussent le luxe jusqu'à avoir un orchestre qui joue sur une estrade à côté même de la *falla*.

La veille du jour de Saint Joseph, les *fallas* se sont dressées de toutes parts comme par enchantement. La ville entière en compte douze.

Au coin de la rue Isabel la Catolica et de la rue Cirilis Amoros, c'est un grand monument funéraire en toile peinte. Au sommet de cette pyramide, une femme de Valence, grandeur nature, parée de tous ses atours, avec une tête en carton, représente l'antique cité. Aux quatre angles du socle, assises, quatre pleureuses tiennent entre leurs mains les projets municipaux pour l'embellissement du quartier, projets hélas! abandonnés. Des inscriptions en vers, des quatrains, un orchestre complètent le tout.

Un peu plus loin, même quartier, autre critique contre la municipalité: un géomètre, grandeur nature, tire des plans, en compagnie d'un pionnier qui porte un fanion.

Dans la rue de Gracia, c'est la note *sganarellesque* qui domine; une famille s'exerce à la tauromachie; inutile de dire que c'est le mari, fortement cornu, qui joue le rôle de l'animal, tandis que son épouse tient l'épée et la *muleta*. Un ami de la maison regarde la scène et juge les coups.

Tout près de là un nègre et une négresse que l'on fait mouvoir au moyen d'un mécanisme placé sous l'estrade, vont, viennent, tournent, dansent, tandis qu'un troisième mannequin revêtu de la *capa* leur joue un air de guitare à la joie des petits et grands.

Dans un autre carrefour voici le Président du Conseil en personne, s. v. p., et fort ressemblant, déguisé en maître d'école, récompensant tel député pour avoir été bien sage et infligeant à tel autre le bonnet d'âne avec un écriteau: paresseux.

Pendant ce temps les marchands de vins ont coupé des arbres entiers qu'ils ont dressés le long de leurs portes; quelques uns ont placé des inscriptions en feuillages où l'on lit: «Vivent les Pépés et les Pépas!» Car Pépé est le diminutif de Joseph, comme Pépa celui de Joséphine, et tout le monde ici s'appelle de ce nom. Partout des bruits de guitares et d'accordéons.

La nuit, trois sérénades, sous mes fenêtres. Non pas que je m'appelle Joseph, mais il faut compter avec les voisins. L'une à 2 h. ¹/₂, l'autre à 4 heures du matin. Des bandes de musiciens, munis d'une autorisation municipale,—les assassins—revêtus de longues *capas,* s'arrêtent—à forfait—devant la demeure des Pépés et des Pépas. Le chef frappe autant de coups de marteau sur la porte qu'il y a d'étages à gravir pour se rendre chez le Pépé ou la Pépa à qui l'on adresse la sérénade. Ainsi donc, pas de confusion. Puis ils vont recommencer un peu plus loin.

*
* *

Le jour des Rameaux, à Valence, est un peu moins plaisant qu'à Barcelone. Au lieu de cette grande foire aux palmes de la place Cataluña, au lieu de ces églises encombrées dès le matin d'enfants qui viennent pour faire bénir des palmes trois fois plus hautes qu'eux, de ce bruissement dans la nef, de ces chocs inconsidérés à la sortie, ici, rien, ou presque rien. Une vente modeste de branchages à la porte des églises. On offre aussi des objets en paille pour les jeunes enfants; ce sont des espèces de moulins à vent qui portent au centre un petit chromo.

Mais bientôt, la série des fêtes commence, interminable, sans trêve, lassante par ses répétitions.

Jeudi Saint.—Toutes les boutiques se ferment dès dix heures, ou, du moins, celles qui restent entrouvertes, comme les boulangeries, les épiceries, etc., accrochent leurs volets et prennent un air de deuil. Les sergents de ville ont mis leurs tricornes et arboré la grande tenue. Les tramways et les voitures ont cessé de circuler dans le centre de la ville. Le chemin de fer est arrêté. Les soldats qui vont prendre la garde défilent le fusil sous le bras, la crosse en l'air. Les sentinelles montent leur faction le canon du fusil sur le soulier; les cavaliers portent le sabre sous le bras; les édifices publics et les consulats mettent les pavillons en berne. Les femmes ne sortent plus qu'en mantilles et en robes noires. La police interdit aux enfants de jouer à la balle dans les rues. Les chanteurs ambulants sont remplacés par d'autres qui chantent des complaintes, et l'on vend des petits livres à un sou «Mort et passion de Jésus Christ» que l'on s'empresse d'acheter comme s'il s'agissait d'une histoire nouvelle. Il n'y a que les éternels mendiants qui n'ont pas changé, ni diminué!

La vie publique est suspendue. Le marché même, si vivant d'ordinaire, se vide dès les premières heures. C'est lugubre.

Il ne nous reste qu'à aller visiter les églises, mais vouloir parler des églises de Valence, c'est entrer dans la confusion. La plupart sont encastrées dans des pâtés de maisons et ne sont vraiment belles qu'à l'intérieur. Beaucoup sont absolument remarquables par leurs *azulejos*, mot dont la meilleure traduction française est celle de carreaux émaillés. Les *azulejos* des églises de Valence sont, en général, fort anciens, et garnissent les murailles intérieures jusqu'à une hauteur de trois mètres.

Aujourd'hui, jeudi saint, nous y rencontrons des compagnies entières d'infanterie, des escadrons complets conduits là par ordre, sous la surveillance de leurs chefs. Ces corps de troupe vont visiter les *monuments.*

On appelle *monument* le tombeau décoratif que l'on construit dans les églises pour le Jeudi Saint.

Le premier édifice où je pénètre est la chapelle de la *Sangre* ou du Sang, à côté de la municipalité. Un tombeau fort modeste sur un simple autel. Mais je vois les préparatifs de la grande procession du *San Entierro* de demain. Un volumineux tombeau en bois sculpté et doré, garni de vitres et de lanternes, et un Christ de bois sculpté aussi, grandeur nature, revêtu d'un manteau de velours pourpre.

L'église Saint Martin, dans la rue Saint Vincent, a déployé une énorme mise en scène. Des toiles peintes occupent toute la partie de l'église faisant face au maître-autel. Des gradins en bois, praticables, donnent encore de la profondeur. Toutes les statues des prophètes se détachent en découpures, et en avant, toujours en décors, des gardes qui veillent sur le tombeau. Beaucoup de monde agenouillé sur des nattes. Dans un coin, un Christ au tombeau dont on va baiser les pieds. Je dois dire cependant, pour rester dans la vérité, que toutes ces exhibitions sont accompagnées de plateaux où il n'est pas défendu de déposer une offrande. Certains filous profitent même de la circonstance pour y laisser des pièces blanches—en plomb—tout en reprenant ostensiblement une certaine quantité de cuivre—pour l'appoint!

Je continue ma ronde par Ste Catherine. Décidément les troupiers que l'on fait agenouiller là par bandes produisent un singulier effet! Passe encore pour les orphelins, orphelines, séminaristes et pensionnaires de tous degrés. Bien drôles aussi les petits séminaristes tout en drap blanc, avec leurs grandes collerettes rabattues et leurs petits bonnets carrés à pointes aigues.

La Cathédrale a naturellement voulu se surpasser. Depuis trois semaines j'avais vu travailler à un immense échafaudage dans la travée de droite. Aujourd'hui l'œuvre est achevée. Des panneaux décoratifs, des tentures de velours, et surtout beaucoup de charpentes; une vingtaine de degrés, et sur tous ces degrés un nombre incalculable de flambeaux allumés.

Puis c'est Notre Dame des Désemparés, la Vierge de Valence: un temple en forme de rotonde, toujours si rempli de fidèles que l'on ne peut y entrer, et où l'on aperçoit vaguement au dessus de l'autel la statue de la patronne de la ville derrière une glace. Une tradition veut même que cette Vierge baisse la tête toutes les fois qu'un malheur menace la ville. Oh! comme on s'aperçoit de suite qu'elle est plus soignée que les autres cette chapelle; comme on y prie avec ferveur tandis que les roses y exhalent en toutes saisons leur parfum fort et pénétrant.

Puis c'est encore Santa Cruz, une église, là bas, là bas, près du musée de peinture dont les portes sont toujours fermées; San Bartolomé, sur le chemin qui mène aux tours de Serranos; San Juan, la curieuse église carrée du marché, où une immense toile peinte représente Jérusalem, le Temple, la rentrée des soldats qui ont crucifié Jésus, et plus loin le chemin vide du Golgotha et les trois croix nues.

Que sais-je encore? Car on se fatigue de toutes ces visites aux églises. Je croise dans la rue, conduits par des Sœurs, les vieillards auxquels l'archevêque vient de laver les pieds à la Cathédrale.

Il est cinq heures, la foule s'accroît, et bientôt l'entrée des églises sera inabordable. Il faut dire aussi que les cafés regorgent de monde, car la plupart des hommes ne sachant que faire de leur temps, s'y précipitent tous à la fois, tandis que dans les rues étroites et entortillées les *señoras,* un pliant sous le bras, prennent le chemin de la paroisse. Quelques gamins ont des maillets avec lesquels ils frappent violemment sur les volets fermés des boutiques, et quand on leur demande ce qu'ils font, ils répondent invariablement que cette opération a pour but de «tuer les Juifs».

Les magasins de pâtisserie et de confiserie, assez nombreux, se remplissent, bien qu'à demi-fermés, de *pan quemado* (pain brûlé), de *tortas,* ou de gâteaux avec des œufs durs emprisonnés dans de la pâte, et généralement surmontés de petites gueunons en *décor,* car, en Espagne, les œufs de Pâques s'appellent les *monas,* ce qui signifie littéralement *les gueunons.*

* * *

Vendredi saint.—Tout l'intérêt de la journée, à Valence, est dans la procession du *San Entierro,* ou Saint Enterrement. Mais comme la procession ne sort que le soir, à six heures, il nous faut passer la journée. Pas de voitures, pas de tramways, les magasins fermés, des chanteurs de complaintes dans les rues. A Madrid, la Reine Régente a fait grâce de la vie à dix condamnés à mort.

L'aspect que présente l'intérieur de la cathédrale vers trois heures de l'après-midi, est véritablement curieux: la scène d'un grand théâtre pendant l'entr'acte. L'église tout entière est livrée aux machinistes—ou plutôt non—aux charpentiers. Le grand *monument* que l'on a mis trois semaines à construire est déjà à moitié démonté. On descend du cintre des poutres énormes au moyen de cordes. Les escaliers mobiles, les praticables ont disparu. Les ouvriers passent et repassent sur de petits ponts volants semblables à ceux qui traversent la scène d'un théâtre. Le milieu de l'église n'est pas moins bouleversé. On installe un immense tapis sur les marches du maître-autel. Il règne de tous côtés un mouvement extraordinaire, on porte des flambeaux, on enlève des cierges, on pose des tapis, on démonte des estrades; il ne manque plus que le régisseur venant charitablement vous prier de ne pas rester là pour ne pas recevoir quelque portant sur la tête; involontairement on cherche le casque d'un pompier.

Toutes les églises ne procèdent pas cependant à ce changement de décor, car on donne à l'Eglise du Patriarche devant un nombreux auditoire, et des plus choisis, un concert *di primo cartello*. Les *aficionados,* ou amateurs, sont accourus. Violons, violoncelles, cuivres, hautbois, chœurs, voix de dessus, rien n'y manque. Tout le milieu de la nef est occupé par les dames, la tête couverte mais sans chapeaux, assises sur leurs inséparables pliants. Les hommes se tiennent au fond, et debout. Je m'en vais, non sans avoir admiré les merveilleux carreaux émaillés qui tapissent le parvis de cette église—les plus beaux de Valence—mais la vue d'un énorme crocodile empaillé suspendu au mur, près de la porte d'entrée, n'est pas sans me laisser un peu rêveur.

J'ai dit que tout l'intérêt de cette journée se reportait sur cette procession du soir. On m'affirme qu'il y a une quinzaine d'années elle était beaucoup plus belle. Je l'ignore, et je dirai ce que j'ai vu.

Dès cinq heures, toutes les rues par où doit passer la procession regorgent de monde. Les fenêtres, les balcons sont pleins à déborder. La procession doit sortir à six heures précises de la petite chapelle de la Sangre. On rit, on cause, on plaisante, on fume. Voici les bannières qui arrivent. Ce sont des étendards en damas rouge ou couleur lie de vin, portés par de grands gars qui ont revêtu une espèce de peignoir en percale noire ou rouge, et qui portent sur la tête un bonnet de même couleur en percale. Car il est bon d'établir de suite cette distinction: cette procession n'est pas une procession faite par le clergé. C'est une procession populaire, organisée par les corporations, quelque chose comme la cavalcade de la mi-carême par les blanchisseuses, à Paris.

Six heures sonnent. Les cinq gendarmes à cheval qui ouvrent la marche se mettent en mouvement, sabre au clair. Suivent les porteurs de cierges, une musique, des porte-étendards, deux clairons avec des bonnets pointus, puis les sujets suivants ou *pasos* en bois sculpté et colorié, grandeur nature.

1° Jésus flagellé près d'un pilier.

2° «Ecce homo», manteau de velours rouge, brodé or.

3° Jésus tombe avec la croix, robe de velours violet, brodé or.

4° Jésus en croix.

Des enfants déguisés en Saint Jean, en Sainte Vierge, avec des auréoles sur la tête, marchent tout autour de la croix.

Musique militaire, torches, flambeaux, étendards, cagoules.

Un grand gaillard habillé à la façon du célebre Mângin, quatre gardes déguisés en hallebardiers.

5° Le tombeau. Vitrine en bois sculpté et doré, entourée de grandes lanternes où brûlent des bougies roses.

Il faut, au moins, dix hommes solides, pour porter sur leurs épaules chacun de ces sujets.

Une nuée d'enfants déguisés en anges; des enfants isolés déguisés en Jésus portant sa croix.

6° La Vierge des douleurs.

7° La Croix, avec les échelles et le suaire.

Les clairons de la troupe sonnent aux champs.

La nuit vient, et cette longue procession avec ses flambeaux, ses torches, ses grosses lanternes, a un aspect bizarre. Le côté mascarade disparait devant l'originalité de la chose, la beauté des sculptures, la richesse des costumes et des ornements, le pas compassé des assistants, les accords funèbres, les clairons sonnant aux champs. Quant au clergé il se fait remarquer par son absence presque totale; on a voulu laisser à la cérémonie son caractère essentiellement populaire. De loin en loin, un prêtre isolé portant un cierge, et c'est tout. La rude figure des gens du peuple qui portent sur leur dos les images en bois ne fait encore qu'ajouter une note étrange au tableau.

La procession s'achemine lentement dans la nuit, s'arrêtant de temps à autre pour laisser souffler les porteurs, et je m'en reviens en entendant peu à peu le son des clairons se perdre dans l'éloignement.

J'ai vu, plus tard, les processions de la Semaine Sainte à Séville, mais la procession du *San Entierro* à Valence, sans être un acte souverainement religieux, est de ces choses qu'on ne voit pas autre part, à cause du caractère même de la cérémonie et du pittoresque cadre qui l'entoure.

Samedi Saint.—C'est à dix heures du matin que doit s'achever le deuil général. On s'occupe de remettre les clochettes au cou des vaches et des chèvres qui se promènent par les rues pour porter le lait à domicile. Deux pélerins à coquilles (costume légendaire), les cheveux crépus, et un long bâton à la main, parcourent le marché et recueillent quelques sous pour aller sans doute dire des prières à la commission. Tout le monde attend le *toque de gloria* qui est le grand coup de cloches de dix heures. Les voitures qui n'ont pas le droit de circuler avant ce signal attendent en file aux portes de la ville. Il y a là des pataches de campagne dignes du crayon de Callot.

Dix heures approchent. Une certaine inquiétude règne partout. On se met aux fenêtres, on monte sur les terrasses qui couronnent les maisons. Les commis de boutique s'arment de marteaux. On distribue discrètement des sonnettes ou des maillets aux enfants en leur recommandant de ne pas bouger. Dix heures! Le canon tonne, toutes les cloches — et Dieu sait s'il y en a à Valence! — se mettent en branle. Des pétards éclatent. Les commis frappent à tour de bras avec leurs marteaux sur les volets qu'ils ouvrent. Les enfants à qui l'on défendait de remuer depuis deux jours se rattrapent d'une façon désespérée en agitant leurs sonnettes, ou en cognant à tort et à travers avec leurs maillets. C'est un vacarme sans nom, et, dans les quartiers populaires les femmes jettent des seaux d'eau par les fenêtres. Des détonations se font entendre sur toutes les terrasses et dans toutes les rues.

Au moment où je passe devant les vieilles prisons de San Agustin, un pétard lancé d'un deuxième étage d'une maison d'en face, tombe sur le soldat en faction et lui brûle sa capote et son pantalon! Et, puisque j'ai prononcé ce nom des prisons de San Agustin, qu'il me soit permis de dire en passant que ces prisons m'ont toujours paru fantastiques, à en juger par ce qui s'y passait.

On se souvient peut-être de cette prison de Monaco, dans le *Train de plaisir* d'Hennequin. Milher élevait des poules et des lapins dans les cellules, et, comme il avait l'entreprise à forfait, avec nourriture des prisonniers à sa charge, il venait nuitamment tirer les verroux pour faciliter les évasions.

Eh! bien, sans assurer que le Directeur de San Agustin se comporte comme Milher, un jour, j'apprends qu'un vaurien qui compte déjà 33 ans de prison, bien qu'il n'en ait que 45, et qui est condamné à 150 *ans* de chaîne (car ici les peines s'additionnent au bout les unes des autres), s'en est allé par les toits, tranquille comme Baptiste, et court la campagne. Le *gorra*, ainsi s'appelait ce charmant homme, s'en va ensuite au Grao, qui est le port de Valence, entre dans un café, prend une consommation, puis donne vingt sous au garçon.

—Le reste, lui-dit-il, c'est pour payer un café aux deux agents en uniforme qui sont là au coin de la rue. Seulement n'oublie pas de leur dire que c'est le *gorra* qui le leur offre. Adieu!

Ayant été repris quelques jours plus tard dans la campagne, il vit, en arrivant à Valence, une grande affluence de peuple à la gare:

—Oh! oh! dit-il, aux gendarmes qui le ramenaient, on dirait que c'est Guerrita (le fameux toréador) qui arrive!» A la prison, il souhaita le bonjour au Directeur, qu'il avait fait mettre à pied, et lui demanda des nouvelles de sa santé. Seulement il apprit avec déplaisir que l'on ne voulait plus de lui à San Agustin, et que, pour plus de sûreté, il serait transféré à San Miguel, hors la ville.

Quelques jours après, toujours à San Agustin, autre histoire. Cette prison est située dans les bâtiments délabrés d'un vieux couvent. La chapelle, devenue paroisse, donne extérieurement sur une petite place, et sert au culte. Or voici qu'un matin, le brave curé vient à six heures et demie pour dire sa messe, et voit, dans le chœur, un vaste trou pratiqué dans le mur. De l'autre côté du mur, douze prisonniers travaillent avec rage — troisième acte de *la Cagnotte*. — Encore quelques coups de pic, et tous pourront venir assister à la messe si cela leur plait, à moins qu'ils ne préfèrent jouer des jambes. Le curé effrayé jette des cris, et va chercher la garde. Aujourd'hui le trou est bouché.

J'en reviens au Samedi Saint.

Toutes les bonnes femmes, un pot à la main, s'en vont chercher de l'eau bénite fraîche, la ville a repris son aspect, et les boutiques de confiseurs, pâtissiers, etc., se remplissent de plus en plus de *pan quemado,* de *tortas* et de *monas.*

⁎

Fêtes de Pâques (Pascua de resurrección).—Valence offre peu de distractions, ou pour mieux dire, pas du tout. On y dîne (déjeune) entre une heure et deux heures de l'après-midi. Vers trois heures et demie la *Société* monte dans de petits omnibus de famille — chaque famille un peu cotée a son petit omnibus — et va faire un tour à la Alameda, promenade insipide le long du Turia.

Le peuple, lui, émigre par bandes, filles et garçons, guitares toquant, du côté des champs, c'est à dire du côté de la gare d'Utiel, derrière la *plaza de toros*. Ce sont des champs coupés de petits ruisseaux, ainsi que dans tous les environs de Valence. Les gars sautent les ruisseaux d'un pied léger, les filles poussent de petits cris: la vie rustique dans tous les pays du monde.

D'immenses rondes s'organisent sur l'herbe. Un jeune homme et une jeune fille se placent au milieu du rond. Le jeune homme doit alors attraper sa compagne, mais celle-ci, toutes les fois qu'elle est serrée de trop près, passe hors du cercle, tandis que tous ceux qui forment la ronde se resserrent et protègent la fugitive. Il faut voir alors le jeune gars tâcher de se faufiler à quatre pattes hors du cercle; mais s'il parvient à en sortir, on y laisse rentrer la jeune fille. C'est inoffensif, comme on voit, mais quels cris, quels rires, quelle joie! Eh! bien figurez vous des centaines de gens se livrant à cet exercice dans la plaine, et des milliers d'autres gens qui les regardent. Puis ce sont des danses, des chants! Ainsi passe le temps sans trop de frais. Car les quelques rares tavernes qui se trouvent dans les environs et où l'on débite des *copitas* (petits verres) à un sou, sont presque vides, la sobriété étant une des premières vertus de l'espagnol.

Pour la nuit, tout ce monde revient des champs, et les bruits de guitares et de castagnettes s'éteignent dans l'ombre.

.

La Saint Vincent et les miracles.—Après Pâques, c'est la Saint Vincent. Saint Vincent Ferrer est le grand patron de Valence. Aussi cette fête est-elle particulière à la province, au Royaume de Valence, comme on dit. Mais bien que cette fête ne soit fixée qu'à lundi, nous avons eu à compter avec elle depuis jeudi. Dès le matin orphéons avec bannières par les rues, car il faut vous dire qu'il existe plusieurs Confréries de Saint Vincent. A en croire même le prospectus que l'on a glissé discrètement sous ma porte, j'aurais droit, l'année prochaine à pareille date, moyennant une cotisation de six centimes par semaine:

1° A une aubade à ma porte, ce qui n'est pas d'un mince effet sur les gens du quartier.

2° A un grand gâteau glacé. C'est une espèce de gâteau de Savoie rond, plat, recouvert d'une couche de sucre, et que l'on vous monte à domicile pendant que les musiciens font rage devant la porte.

3° A une poire confite qui accompagne la galette.

4° A une belle image, grande, très grande, en couleur, représentant San Vicente Ferrer.

5° A une médaille.

Et je n'aurai pas à me déranger.

Franchement, pour six centimes par semaine! Et les musiciens sont bien vingt.

Ces auditions musicales se prolongent pendant trois jours sans désemparer. Ah! dame! c'est qu'il y en a des *biscochos* (véritable nom du biscuit en question) à distribuer! Pendant ce temps sur les places et dans les carrefours on construit de vastes théâtres en plein vent pour la représentation des *miracles.*

Quels miracles? Les miracles de Saint Vincent.

Ces théâtres ont de plus cela de très particulier qu'ils sont adossés à des églises, comme à Ntra. Sra. del Pilar, à Ntra. Sra. de los Desamparados, à moins qu'ils n'obstruent toute la circulation d'un quartier, comme au Carrefour del mar où l'on a condamné une rue.

Les charpentiers ont travaillé plusieurs jours. Puis, sur les estrades, on a placé des décors. Dans un fond de nuages, invariablement, la statue du Saint en costume de dominicain. Les *miracles* seront joués en costumes, et en dialecte valencien, par des enfants de dix à douze ans.

Le samedi soir je me mêlai à la foule pour aller assister aux répétitions générales. On devait en plus ce soir là aller chercher processionnellement toutes les statues de Saint Vincent.

Il est huit heures. Sur la petite place noire del Pilar, on a tendu un immense vélum blanc et bleu. On a entouré l'estrade d'une grille en fer, et on a flanqué le théâtre de statues allégoriques en carton-pâte. L'orchestre accorde ses instruments dans l'ombre. Le gardien du théâtre m'avertit que la répétition ne commencera pas avant 9 heures $^1/_2$. Il faut que l'orphéon de la confrérie aille chercher je ne sais où la statue de Saint Vincent. Enfin quelques cierges s'allument, et aux accords des cuivres, le cortège se met en route par les petites rues.

Le coup d'œil est original. Ces balcons qui surplombent, les *señoras* aux fenêtres, les gamins qui suivent le cortège en allumant à tout bout de champ des allumettes-bougies, tout cela constitue un tableau de genre dont je défie de trouver la description sur le carnet du touriste béat qui ne connait que l'Espagne du guide, et qui abat son voyage en un mois.

Je me fatigue à suivre les fanfares, et comme il est encore trop tôt pour assister à la répétition du *miracle,* je vais au hasard par les rues. Sur la place de la Constitution les petits acteurs costumés en rois et princes jouent à la poussette sur le théâtre avec les dames de la Cour. Il n'y a pas jusqu'à Saint Vincent lui-même qui ne se livre à ces ébats en attendant que l'on commence à répéter.

Je me rabats sur la place du marché où m'appellent de nouveaux flons-flons, et des lumières. Je regarde passer le cortège. Deux jeunes gens, porteurs de bannières aux couleurs espagnoles, costumés en vieillards, avec de longues barbes blanches, des couronnes en papier doré, et une longue robe rouge et jaune, ouvrent la marche. D'autres jeunes gens suivent, avec des cierges. Voici la statue de Saint Vincent Ferrer, toujours en costume de dominicain, ce costume en drap, haute d'environ 1 mètre 30, avec une auréole flamboyante, sur un piédestal tout doré, entouré de huit lanternes.

Elle doit peser lourd, la statue, car les porteurs s'arrêtent à chaque instant pour reprendre haleine. La fanfare ferme la marche, et le cortège disparaît sous le porche de l'Eglise Saint Jean. C'est là, paraît-il, qu'on va déposer le saint. Les deux hommes déguisés restent à la porte, la fanfare aussi. Pénétrons dans l'église dont on a allumé tous les cierges. Mille gamins, sortant je ne sais d'où, se mettent à crier sur un signal: «Vivat! Vivat! Vivat! San Vicente!» Les grandes orgues répandent des flots d'harmonie, et l'on va déposer le saint à lanternes à la gauche de l'autel. Il restera là pendant deux jours.

Au dehors, des boutiquiers ont allumé des feux d'artifice sur le passage des processions.

Ce ne sont que fusées, bombes, pétards, soleils tournants. Ainsi s'annonce la Saint Vincent.

* * *

La mort de la princesse.—Le *miracle* représenté en plein air par des enfants costumés est un fait détaché de la vie du saint; on l'écoute debout, serrés les uns contre les autres, et la foule est souvent si compacte qu'il faut se contenter de voir de loin gesticuler les petits acteurs. Le plus curieux spectacle est assurément celui que présentent les fenêtres qui littéralement débordent de gens qui veulent voir.

Sur la place de la Constitution le théâtre est adossé à la chapelle des Désemparés. Au fond du théâtre, selon l'usage, la statue de Saint Vincent entre deux cierges allumés.

Le *miracle* que nous allons voir représenter s'appelle *La mort de la princesse*. Saint Vincent vient prêcher sur une place de Valence, et il a choisi comme thème de son sujet la vanité des grandeurs. La noblesse, représentée par trois gamins costumés en velours et en satin, et le peuple, représenté par trois autres gamins plus modestement vêtus, écoutent avec la plus vive attention ce discours, lorsque survient une princesse richement habillée et suivie de ses pages.

Mais voilà qu'au beau milieu du sermon, au moment où Saint Vincent fait une belle tirade sur le luxe effréné des femmes, une pierre se détache d'une corniche et s'en vient frapper la princesse qui tombe lourdement sur le sol.

Vive émotion parmi la foule; Saint Vincent, qui en a vu bien d'autres, reste seul de sang-froid, descend de la chaire qu'il occupait au fond du théâtre, et après un petit *speech* fort bien tourné dans lequel il nous explique que c'est ainsi que le ciel envoie des avertissements charitables aux dames qui ont de trop belles robes, il s'avance vers la princesse, et la relève. Celle-ci, heureuse d'en être quitte à si bon compte, s'en va sans en demander davantage.

La procession de Saint Vincent. — Enfin, voici la Saint Vincent. Les *miracles* battent encore leur plein et les petits acteurs s'époumonnent de leur mieux en plein air. Je passe devant le théâtre de la place del Pilar juste au moment où Saint Vincent ressuscite une religieuse qu'on apportait sur un brancard. Puis bientôt tous les miracles se taisent, car voici l'heure de la grande procession qui est *le clou* de la journée. Le cortège, portant la statue de Saint Vincent en argent, doit sortir de la cathédrale et se rendre à la maison natale du patron de Valence.

Trois heures et demie sonnent, et l'on n'entend aussitôt dans la cathédrale que roulements de tambours et bruits de fifres. Les grands étendards fanés des corporations, dont la hampe est invariablement surmontée d'une petite statue représentant le patron du métier, se mettent en mouvement, portés par de vigoureux compagnons. De jeunes garçons, les apprentis sans doute, suivent en tenant les cordons. Un fifre et un tambour accompagnent chaque étendard, et je remarque que tous ces gens ne sont nullement endimanchés, mais à la bonne franquette, presque négligés.

Un usage assez bizarre est celui qui consiste à faire saluer la statue en argent du Saint par chaque étendard, tandis que le tambour bat et que le fifre fait entendre ses notes aiguës, mais cette révérence qui se répète par trois fois ne paraît pas si aisée à exécuter, car l'opération qui consiste à relever l'étendard de bas en haut exige une force musculaire peu commune.

Après le défilé des étendards, vient celui des croix paroissiales. Chaque paroisse a envoyé sa croix de gala, et il faudrait des chapitres entiers pour en décrire les merveilles de ciselure, de repoussage, et d'orfèvrerie. Je vois encore une grosse cloche en or portée au bout d'un bâton, un vaste parasol à demifermé, aux couleurs espagnoles, appelé le *pavillon*, et enfin l'alcalde de Valence suivi d'une députation de la municipalité, cierges en mains. Les officiers venus en grande tenue se sont retirés pour une question de préséance.

Quant à la statue, toute en argent, sauf la tête qui est en bois, elle est haute de près d'un mètre. Une espèce de médaillon qui s'ouvre sur la poitrine, et fermé par un verre, semble contenir des reliques. Le socle, les brancards, tout, absolument tout est en argent.

La procession s'avance par les rues dont on a garni tous les balcons de damas rouge et bleu; la foule pousse des hurrahs! interminables, et l'image du saint disparait bientôt sous une pluie de feuilles de roses.

Bien modeste, et bien curieuse tout à la

fois cette maison natale de Saint Vincent, située calle del Mar, à deux pas de la gloriette. L'intérieur a été converti en chapelle, mais les pèlerins viennent de préférence dans la petite cour dont les murs sont littéralement couverts de tableaux, d'ex-votos, de bras, de jambes, de seins en cire blanche, d'habits rongés par les vers, de nattes de cheveux, de dédicaces naïves, tandis qu'en face de la porte d'entrée un robinet verse libéralement aux fidèles l'eau du puits. Une inscription placée là nous apprend le nombre de litres d'eau que l'on a puisés à cette fontaine pour l'usage des habitants de Valence pendant une épidémie de choléra.

Je vais me placer devant l'entrée de la chapelle où de nombreux lustres en cristal sont allumés. Le clergé de cette petite église, composé d'un curé et de deux diacres, attend la procession sur le seuil, et quand arrive le tour des étendards des corporations, le même salut, par trois fois répété, recommence. Seulement, ici, il y a une variante: une fois les trois saluts terminés, chaque porte-étendard fait valoir son adresse et sa force au son du tambour et du fifre. L'un fait tenir la hampe en équilibre sur sa main, cet autre sur son épaule, en croisant les bras, cet autre enfin sur son menton, mais tout cela avec un sans façon! Tout le monde dans la procession fume la cigarette.

La statue est littéralement couverte de roses. On la fait entrer dans la chapelle avec la députation de la municipalité, puis elle ressort par l'autre porte pour éviter l'encombrement. Une musique militaire et un piquet d'infanterie ferment la marche, et nous voyons s'eloigner dans les derniers rayonnements du soleil qui baisse, la longue théorie des croix paroissiales dont miroitent encore les facettes d'or et d'argent!

L'ESPAGNE SANS CHEMINS DE FER

Départ de Valence.—Un marchand de crucifix.—Arrêt forcé à Játiva.—La diligence d'Alcoy.—Jeûne forcé.—Aspect d'Alcoy. —Promenades du soir.—Le premier mai.—Le vallon du Molinar.—Les *serenos* d'Alcoy.—Un hôtel à musique.—Un bal dans un café.—Retour problématique.—Une nuit sur une banquette.—Diplomatie et courbature.

Décidément, il est beaucoup plus difficile que l'on ne pense d'écrire des impressions de voyage au jour le jour—les seules cependant présentant un caractère d'authenticité absolue. Mais voilà! Le temps, la fatigue, les affaires, les préoccupations de toutes sortes, et adieu les belles intentions!

Ainsi j'ai fermé brusquement mon carnet de notes, il y a trois mois, à Valence; il me faut aujourd'hui l'isolement au bord de la mer, dans un port des Asturies, et un temps maussade pour le rouvrir.

Je le rouvrirai donc pendant qu'il en est temps encore, et avant que mes souvenirs ne s'effacent, à la page de Valence, ville que j'ai laissée au milieu des fêtes et des processions interminables avec leur accompagnement de madones, de saints costumés et de bannières...

Je quittai Valence par une après-midi de printemps: c'était encore un jour de fête, et je me rappelle parfaitement que je rencontrai deux *anges* défraichis qui allaient rejoindre le cortège tandis que je me rendais à la gare. J'entassai dans mon wagon tous les paquets que le réglement m'autorise à fourrer dans les jambes de nos voisins, qui ne se plaignent pas du reste—ici, l'on est fort tolérant,—et je vis bientôt encore une fois défiler sous mes yeux les beaux champs d'orangers de Carcagente, tout panachés de boutons blancs dont les senteurs nous arrivaient par bouffées.

Le hasard de la route m'avait donné pour compagnon un espagnol qui parlait comme le fameux Chabannais des *Chevaliers du Pince-nez,* et qui, sous le prétexte qu'il avait vendu pendant onze ans des chaussures à Montrouge, voulait absolument me tenir la conversation en français; de telle sorte que, avec son accent espagnol d'une part, et son défaut de prononciation de l'autre, le tout ajouté au bruit du train en marche, j'avais toutes les peines du monde à le comprendre.

Enfin, comme il fallait en prendre son parti,—car j'avais beau me taire, et mon homme revenait sans cesse à la charge,—je lui demandai comment il se faisait qu'un ancien marchand de chaussures, espagnol, mais ayant habité Montrouge, se trouvait en ce moment entre Carcagente, patrie de la fleur d'oranger, et Albacete, patrie des petits couteaux.

Ce marchand de chaussures, qui ne l'était plus, me répondit entre deux css, css de sa prononciation chabannaise, qu'il avait mis la main sur une invention d'où allait peut-être dépendre toute sa fortune: il était fabricant de crucifix dont la composition était tout son secret. Je crus comprendre qu'il fabriquait des croix en bois, des christs en platre, ou quelque chose d'approchant, qu'il accrochait ses christs sur ses croix et qu'enfin il trouvait le moyen de vendre très cher ce qui lui coûtait très bon marché, seulement à condition de fabriquer sur place, car, sa composition étant très fragile, la marchandise se cassait en route.

Nous en étions à chercher un moyen pour que cela ne cassât pas, lorsque l'on appela le nom d'une station. L'homme descendit, et le train continua dans la nuit.

⁂

Quiconque veut aller à Alcoy, doit s'arrêter à Játiva (1), mais j'apprends à ma grande stupéfaction que les heures de la diligence ne correspondent pas toujours avec celles du chemin de fer. Un gamin me conduit dans une *posada* fort proprette où je couche. La voiture pour Alcoy ne part que le lendemain matin à huit heures.

Játiva, ou San Felipe de Játiva, ville de 14500 habitants, adossée à une ligne de hautes montagnes que l'on appelle la *Sierra de las Agujas* (la chaîne des aiguilles), se trouve dans une situation fort pittoresque. Une immense fortification se déroule sur deux crêtes, et, au pied de cette éminence, dans un fouillis de verdure d'où émergent ça et là quelques hauts palmiers, la ville, avec ses belles promenades et ses larges rues; devant nous un panorama grandiose, fermé au fond par une chaîne de hautes montagnes.

L'heure a sonné pour le départ, et la diligence, avec ses huit mules dont les grelots titinnabulent, s'achemine lentement, lourde-

---

(1) La ligne actuelle d'Alcoy à Puerto de Gandía n'a été ouverte que tout récemment. Quant au service de la diligence de Játiva, il n'y a toujours rien de changé.

ment, vers la gare. On m'avertit d'avoir à prendre de suite ma place, car la voiture est souvent au complet. Et de fait, six places à l'intérieur, trois dans la berline, trois au dessus du cocher, sur la banquette, ce n'est pas trop. Je m'inquiète toutefois de l'heure de l'arrivée à Alcoy.

—Trois heures et demie de l'après-midi, me répond-t-on.

Et il est huit heures du matin!

Une sœur de charité, un vieux paysan, moi troisième, cela va bien. Et la diligence s'éloigne.

Nous sortons de la ville, gravissons un coteau, contournons la vieille forteresse que nous apercevons encore pendant plus d'une heure, puis le paysage devient insipide par sa monotonie: mamelons, plaines, vignes, mamelons. En somme, nous montons toujours. Enfin une descente, un village, une ligne de chemin de fer en construction, un autre gros village, et relais.

Il est midi, et l'on roule depuis quatre heures. On descend pour se dégourdir les jambes, et voilà où éclate l'insouciance, l'apathie, l'inertie des habitants de ces parages. Dans ce village, où passent sans cesse des voyageurs qui viennent de subir une longue captivité en diligence, croyez-vous qu'il y ait un hôtel, une auberge, une taverne, une cantine, un assommoir quelconque où l'on puisse trouver un rond de saucisson, un morceau de pain, un verre d'eau? Que non pas. Et c'est ainsi, parceque c'est comme cela depuis des siècles, parceque ces gens-là n'ont aucune initiative, aucun besoin,—pas même celui de gagner de l'argent—et que, vendre un petit pain, c'est en somme un travail, dont on peut fort bien se passer!

Il ne reste donc plus aux infortunés voyageurs qui n'ont pas le temps matériel de courir à la recherche de provisions dans le village, qu'une chose à faire: remonter dans la voiture le ventre vide, et se préparer à subir les quatre heures qui restent.

Les montagnes succèdent aux montagnes.

Enfin, voici Alcoy, bâti curieusement sur des roches escarpées, et que, par une disposition topographique singulière, nous contournons entièrement avant de franchir le seul pont de pierre jeté sur le ravin. Le filet d'eau rapide qui coule en bas s'appelle le *Serpis*. Il sert à faire mouvoir les turbines des fabriques de draps, de couvertures, de flanelles, des papeteries et enfin des fabriques d'allumettes!

Une question se pose en arrivant là.

Qu'allons nous trouver à Alcoy, après nos sept heures de diligence? Des gens incultes, arriérés, grossiers? Eh! bien, pas du tout: des gens absolument civilisés, et, n'en déplaise à nos amis de Valence, beaucoup plus avancés que dans cette dernière capitale.

Des rues larges, droites, des maisons toutes bâties en pierres de taille — fort abondantes dans le pays — des squares, de petits hôtels genre quartier Monceau, des constructions modernes à la française, et sans grilles aux fenêtres!

Oh! ces grilles! Depuis Carcagente surtout, et cela jusqu'au fond de l'Andalousie. La grille, en forme convexe, avance sur le trottoir. De telle sorte que, la fenêtre fermée, et dans le demi-cercle, il y a place pour loger un animal féroce: on plutôt non, la chaise de la jeune fille alors que son *novio,* ou fiancé, vient lui tenir la conversation derrière les barreaux plusieurs heures durant, et cela quelquefois pendant des années! C'est l'usage reçu, et personne n'y trouve à redire.

Donc, à Alcoy, pas de cages. Des fenêtres grandes ouvertes, et de jolis minois aux balcons. L'abus du carmin et de la poudre de riz sur de jeunes figures nous choque bien un peu. Il faut tenir compte que nous nous rapprochons de l'Afrique.

Toutes les rues d'Alcoy sont en pente: quelque chose comme la rue Hauteville ou des Martyrs. La diligence s'arrête sur une grande place où se trouve un belfroy. Nous mettons pied à terre, et un fiacre — un vrai fiacre — nous conduit à l'hôtel qui est à deux pas.

Décidément tout est très étonnant et très intéressant à la fois, à Alcoy. Nous sommes on ne sait où, en Suisse, au Tyrol, en Auvergne; mais que nous voilà loin de pays comme Castellon de la Plana! Toutes les habitudes ici dénotent une certaine distinction. La politesse y est exquise. Quant à l'industrie, elle est on ne peut plus développée. Nous voyons fonctionner partout la lumière électrique et le téléphone. Encadrez tout cela dans un paysage des plus accidentés, avec la *Sierra de Mariola* en forme de croissant pour perspective, figurez vous entendre le bruit que font les mules à grelots, les lourdes voitures qui partent et arrivent, le remue-ménage des *posadas* encombrées de campagnards, et vous aurez une très mince idée d'Alcoy.

La nuit est venue. Après souper, tout le monde s'achemine en toilette vers un grand jardin entouré de grilles, quelque chose comme le jardin de la place des Vosges, à Paris. Dans cet enclos est installée momentanément une foire, composée de boutiques en bois, uniformes, mais plus grandes et plus belles que les baraques Collet de nos boulevards. Dans ces baraques, on vend des jouets, de la confiserie, mais principalement des objets utiles, des éventails, des cannes, des parapluies, des ustensiles de ménage. Il n'y a pas de saltimbanques. Les dames et les demoiselles, en chapeaux, à la mode de Paris, se promènent dans une unique allée qu'elles ont choisie, tandis que les messieurs et les jeunes gens, le cigare aux lèvres, garnissent une longue rangée de chaises et les regardent passer.

Rentré à mon hôtel, j'entends encore longtemps des bruits de piano, de castagnettes, des chants et des applaudissements.

J'avais oublié que le lendemain était le *premier mai*. Toutes les *posadas* sont garnies de gendarmes. La Banque est occupée militairement. Mais les ouvriers d'Alcoy ne songent guère à la grève, et tous les ateliers travaillent comme d'habitude. Les patrons m'expliquent qu'ils doivent cet état de choses au fonctionnement des Jurys mixtes (cinq patrons et cinq ouvriers), jurys qui fonctionnent depuis 1889 à Alcoy, en attendant la sanction officielle du gouvernement, ce qui est peut-être déjà obtenu à l'heure actuelle.

Après une visite aux fabriques d'allumettes, de draps, de constructions mécaniques, nous entreprenons une excursion charmante dans un endroit appelé *le Molinar*, où se trouvent les papeteries. Rien de plus accidenté, ni de plus grandiose. Un panorama alpestre, tout simplement.

Que ces rues d'Alcoy sont grimpantes, accidentées! Peu ou pas d'églises. Aucun prêtre dans la rue. Nous ne sommes plus en Espagne, décidément. Un grand beffroy, avec une horloge lumineuse; un bel hôtel de ville en pierres de taille, et, à huit heures précises du soir, tous les *serenos,* lanternes en main, sortant de la mairie en longue file, et se répandant sur les coteaux où Alcoy se trouve bâti.

Ce qui m'intrigue le plus, dans Alcoy, c'est évidemment mon hôtel qui est une boîte à musique. Musique dans la pièce voisine pendant les repas; musique dans le café, en bas, pendant la journée; musique encore, concert et danse, le soir jusqu'à minuit. Car, il faut vous le dire, cette musique est aggravée de deux chanteuses et de trois danseurs. Et faites bien attention que ces danseurs se décomposent à leur tour en deux danseuses et un danseur.

Sur le comptoir du café, un jouet automatique que l'on remonte; c'est une vieille grand'mère qui branle la tête, ouvre et ferme les yeux, et tricote. Cette grand'mère, que chacun appelle *mi abuela,* fait le bonheur des grands et des petits, et surtout de la petite demoiselle du comptoir que l'on entoure afin de mieux admirer «ma grand-mère».

A l'intérieur de la cour vitrée, où est installé le café, et sur le balcon circulaire du premier étage, le danseur rasé de frais et les deux danseuses, en tablier d'indienne, attendent l'heure. Je les avais prises tout d'abord pour des bonnes de l'hôtel. Un petit bebé les accompagne. Tout ce monde là est en famille. Encore sur le balcon un vieux cacochyme toussaillant, le nez disparaissant dans sa *capa,* accoudé à la même place pendant des heures, et plusieurs officiers devisant par groupes, au sortir de la table d'hôte.

En bas, quelques desœuvrés, des voyageurs qui prennent là le café pour ne point sortir. A la table de gauche, près le comptoir, le fiancé de la demoiselle de l'établissement, heureux jeune homme dont les fonctions consistent à remonter «ma grand'mère» quand elle cesse de tricoter, et à taquiner sa fiancée qui prend des moues de circonstance.

A droite, faisant pendant, les deux petites chanteuses, déjà attifées, frisées, maquillées, effrontées, juste ce qu'il en faut, sans cependant l'être trop, et qui ne dédaignent pas d'accepter une *copita* offerte par quelques habitués qui causent avec elles gravement.

Au milieu du café, sous le vitrage, un bassin d'eau recouvert d'une table circulaire en marbre, le jet d'eau central seul émergeant, et près de là une estrade où monteront à tour de rôle les exécutants. Le reste du café se remplit peu à peu de gens vulgaires. Et voici que par le petit escalier de fer en colimaçon faisant communiquer l'hôtel et le café, descendent les deux danseuses, en maillots couleur chair, en tutus, suivies du danseur vêtu en torero.

C'est risible, et c'est lamentable tout à la fois. Les mains sont armées de castagnettes, et la danse commence, la brune un peu mûre vis à vis le toréador, la blonde un peu pâle en arrière, les pieds posés, clignant des yeux, relevant le menton, et jouant en mesure des castagnettes. Quelque chose de déjà vu aux parades de Cocheris à la foire aux pains d'épices.

Puis, à cette danse contenue dans quatre mètres carrés, succèdent les chants au vinaigre des deux petites demoiselles. La séance, entrecoupée de longs entractes, se prolonge, et je regagne ma chambre par le petit escalier en escargot où les malheureuses danseuses n'ont même pas laissé une odeur de patchoulis à bon marché.

*
* *

Mon départ d'Alcoy est enfin décidé, mais on me prévient qu'il est prudent de retenir ma place à la diligence dans la journée. Je me rends donc au bureau à deux heures; là, j'apprends que tout est complet, tout, sauf la banquette, en haut.

Ce contretemps me contrarie infiniment. Aussi je reviens à la charge:

—Comment est-elle cette banquette?

—En haut.

—J'entends bien. Mais y a-t-il un toit?

—Certainement.
—Enfin s'il pleut, on est à l'abri.
—Parfaitement.
—Va pour la banquette. L'heure du départ?
—Dix heures du soir.

A neuf heures et demie je me rends au bureau de la diligence. Les gens qui attendent là, parmi les paquets, ont des airs navrés. Le fait est que la perspective d'une nuit pareille n'a rien de régalant. La diligence arrive, attelée de ses huit mules à grelots. Une grosse lanterne à réflecteur placée au-dessus de la tête du cocher jette ses lueurs sur les colliers des bêtes. On m'apporte une échelle, je me glisse sous la bâche, et là, derrière un gros tablier de cuir, je commence en frottant une allumette, à me rendre un peu compte de la situation.

Je suis seul, absolument seul.

—Vous serez mieux qu'en bas, me dit le conducteur.

Et ça, je le crois aisément, car les gens d'en bas sont empilés comme des sardines dans une boîte, et ceux du devant ont le vent dans le nez.

Je suis seul. Au fond, derrière moi, des malles solidement assujetties. Sur le devant, outre de tablier de cuir, des espèces de stores en cuir aussi, qui se bouclent, de telle manière que l'on peut presque fermer la bâche de tous cotés. Je retire mon chapeau que je remplace par un béret, je me drape dans un vieux pardessus, et je m'allonge sur la banquette.

La diligence s'ébranle doucement d'abord, mais je m'aperçois bientôt que dans cette position horizontale, ma tête cogne contre les parois à chaque cahot. Il faut trouver autre chose, et je me rassieds. Le vent, qui passe par les interstices, n'a rien d'agréable. Je m'enveloppe les oreilles d'un mouchoir. Le cocher glapit: «Eh! Eh! Hi! Hor! Jap! Jap!» Et il glapira comme cela, sans arrêter, sept heures durant.

Je me plais à regarder les mules éclairées par le réflecteur qui est juste au-dessous de moi.

«Eh! Eh! Hi! Hor! Jap! Jap!»

Oh! Si je pouvais trouver une position!

Nous galopions ainsi depuis une heure, quand la diligence s'arrêta dans un gros village. Onze heures sonnaient. Le village tout noir n'était absolument éclairé que par les petites lanternes qui brûlent devant les Saintes Vierges.

Un voyageur soulève la bâche. Un rival!

—Nous allons passer une fichue nuit, me dit-il.

J'en savais déjà quelque chose.

Il frotte une allumette à son tour, reconnait les lieux, et fait ses préparatifs de combat tandis que la diligence reprend sa route.

Une heure du matin! Arrêt, et changement de mules.

La bâche se soulève à nouveau: un troisième voyageur, fusil au poing, monte à l'assaut suivi d'un paysan. Cette fois, c'en est trop. Nous persuadons au paysan que nous sommes au complet à trois, que la banquette ne peut tenir plus de voyageurs, et qu'il sera très mal en notre compagnie.

Bref, l'homme s'assied en dehors du tablier de cuir, les jambes repliées au-dessus du réflecteur. Nous poussons un soupir de soulagement, mais hélas! de courte durée. Le vent lui coupe la figure, et le voilà qui revient vers nous. Alors, c'est une lutte pour... la banquette, où ce malheureux ne parvient jamais qu'à s'asseoir que d'un seul coté, et cela jusqu'à quatre heures du matin.

Le jour se lève au moment où nous entrons dans Játiva. Le conducteur criait au moins pour la millième fois: «Eh! Eh! Hi! Hor! Jap! Jap!» Et nous descendons les uns après les autres de notre bâche, tandis que les gens pressurés de l'intérieur présentent un aspect tout aussi digne de pitié.

Une maison en réparations se trouvait là par hasard avec un tonneau d'eau. Je m'y plonge avec délices le visage et les mains! C'est quand on a passé par là que l'on comprend la beauté du futur chemin de fer! Il est juste d'ajouter que depuis un nombre infini d'années il y en a toujours trois en construction!

L'ESPAGNE NORMANDE

Au pays des sardines

Santander.—Une nuit à Venta de Baños.—A la recherche d'un professeur.—La café de l'Ancora.—Une église catholique apostolique espagnole.—Mésaventures de son évêque.—Une odyssée qui se termine piteusement.—La diligence de Bilbao.—Le pays des sardines.—La pêche et la mise en boîtes.—Santoña, Laredo, Castro-Urdiales.—Seize heures de voiture.—Arrivée à Bilbao.

Ce fut par une chaude journée de juillet que je quittai Madrid pour aller demander un peu de fraîcheur aux côtes humides de l'Atlantique. Le jour même de mon départ, le train me déposait à Venta de Baños, point d'intersection des lignes des Asturies et de la Galice.

Venta de Baños—et pas un de ceux qui connaissent cette station infernale ne me démentira—est un supplice infligé par la Compagnie des chemins de fer à tous les voyageurs qui sont forcés d'y descendre; supposez une gare isolée au milieu de la plaine, à trois kilomètres de toute habitation. Je me trompe: il y a un hôtel à côté de la gare où l'on vous répond que l'on ne donne pas à manger. Or, voyez le raffinement de cruauté de la Compagnie: l'horaire des trains a été machiné avec un si profond machiavélisme que le malheureux voyageur qui s'en va dans les Asturies, ou autre part, est forcé d'y passer la nuit. Il faut donc manger au buffet, faute de périr d'inanition, et comme on n'a pas le choix pour l'hôtel, l'hôtelier demande ce qu'il veut pour la nuit.

Mais que voulez-vous y faire? En Espagne, personne ne réclame; le temps n'a absolument aucune valeur, et ce sera encore ainsi dans des années et des années, tant qu'il y aura une station qui s'appellera Venta de Baños, un voyageur assez hardi pour avoir l'idée saugrenue d'aller voir ce qui se passe dans les Asturies, et une Compagnie de chemin de fer. Mon supplice prit fin avec le petit jour.

Après les cailloux de l'Escorial et les plaines sans fin de la Castille, je ne fus pas fâché de voir quelques montagnes à pâturages. Laissant sur notre gauche de hautes cîmes couvertes de neige, même sous ce chaud soleil de juillet, nous pénétrons dans les pittoresques ravins de l'immense massif cantabrique ; nous contournons les précipices, nous longeons le lit des torrents. Imitant le serpent d'Oreste, le chemin se recourbe en replis tortueux. Et quel panorama! A mesure que je m'éloigne du souffle brûlant et fiévreux de Madrid, ma vue se repose sur ces verdoyantes montagnes, et je sens un air réparateur pénétrer dans mes poumons. Nous marchons à grands pas vers le vrai pays des sardines.

On me donna, à Santander, une chambre avec vue sur la rade, et je ne pus me rassasier pendant longtemps du merveilleux spectacle que j'avais sur les yeux : la baie dans toute son étendue, et dans laquelle pourraient tenir à l'aise plusieurs flottes, puisqu'il faut vingt-cinq minutes à un petit vapeur pour la traverser. La ville de Santander ne se trouve située que d'un seul côté de cette baie. Elle s'étend tout en longueur. Nous sommes en Normandie plutôt qu'en Espagne. Des femmes en jupons courts, trottent, les jambes nues, portant de lourdes corbeilles de poissons sur la tête, d'où tombent une à une des gouttelettes d'eau salée. Tel le chapelet d'une dévote qui s'égrènerait dans le chemin. Tout cela est gai, vivant, plaisant; les gros vapeurs chargés pour la plupart de bois de Norvège jettent leur note stridente dans le tableau; c'est un va et vient perpétuel.

Ajoutez à cela une société cosmopolite, ainsi que dans tous les ports de mer. Un soir, à table, comme nous nous trouvions une dizaine, mais parlant tous français avec des accents plus ou moins exotiques, il vint à l'un de nous l'idée de demander aux autres quelles étaient leurs nationalités. Il y avait tout simplement trois Espagnols, deux Français, un Allemand habitant l'Angleterre, un Suisse de Genève, un Viennois habitant Paris, un Hollandais d'Amsterdam et un Russe d'Odessa.

Je restai près de dix jours à Santander, et le hasard me mit là en rapport avec une des personnalités les plus curieuses de l'Espagne moderne. J'avais besoin de faire revoir de près quelques articles que j'avais écrits en espagnol, et je cherchais à cet effet un professeur qui pût me rendre ce léger service avant d'abandonner mes pages castillanes à l'imprimeur. J'allais donc par les rues, le nez au vent, quand j'aperçus au second étage d'une maison l'enseigne d'un collège sous l'invocation d'un saint quelconque du Paradis. J'escaladai les deux étages et l'on me répondit que D. José (appelons notre nouveau personnage D. José, ce qui certainement ne pourra déplaire à personne) était absent en ce moment, mais qu'il serait de retour à sept heures.

Je revins à l'heure dite, et l'on me fit entrer dans un petit salon. Après quelques minutes d'attente la porte s'ouvrit, donnant passage à un homme d'une quarantaine d'années, en redingote noire, taille moyenne, brun, portant toute sa barbe taillée fort courte, l'œil petit mais excessivement vif, et dont toute la personne révélait une certaine éducation—quelque chose de plus qu'un pion quelconque, qu'un maître d'école de Santander.

Il m'accueillit, l'air souriant. Je lui expliquai en peu de mots le motif de ma visite; il me comprit de suite, et ajouta:

—Je serai d'autant plus heureux de vous être agréable que j'ai habité moi-même l'étranger pendant longtemps—les États-Unis et l'Angleterre—où j'ai professé. C'est toujours une joie pour moi de prêter mes modestes services aux étrangers.

Puis il me demanda tout à coup où je comptais aller passer ma soirée.

—J'arrive, et n'ai point d'habitudes prises, répondis-je.

—Eh! bien, venez ce soir au café de l'Ancora, sur le port. On y fait d'assez bonne musique. Nous causerons.

—C'est entendu.

Entre nous, j'aimais beaucoup mieux passer ma soirée en compagnie de ce professeur qui ne pouvait manquer de me fournir une partie des renseignements que j'étais venu chercher au pays des sardines, que seul à seul avec moi-même, ou encore dans la société de quelque inconnu importun.

Le soir même mon professeur me raconta qu'il avait parcouru une partie des États-Unis et de l'Angleterre; qu'il avait enseigné pendant plusieurs années en anglais; il me raconta également un voyage qu'il avait fait en France, mais, bien que comprenant parfaitement le français et l'allemand, il m'avoua parler difficilement ces deux langues, faute de pratique.

Nos relations continuèrent en ces termes pendant plusieurs jours; moi lui portant des articles espagnols à revoir, lui me parlant de ses voyages, quand un dimanche matin, chez lui, dans l'école, et profitant sans doute de l'absence de ses élèves, il me dit:

—A propos, vous ne savez pas qui je suis?
—Si, parfaitement, D. José.
—Je ne vous demande pas mon nom, je vous dis: qui je suis?
—???
—Je suis l'ancien évêque de l'église catholique apostolique espagnole qui fit quelque peu de bruit il y a quelques années.
—Je ne comprends plus.

Alors, avec la plus grande simplicité, je dois le dire, mon ex-évêque me commença son odyssée.

Espagnol, car il naquit dans quelque bourg de Viscaye ou des Asturies, il s'était voué de fort bonne heure à la vie ecclésiastique. C'est en cette qualité qu'il avait parcouru les États-Unis et l'Angleterre, se consacrant plus particulièrement à l'étude des langues et à l'enseignement. Est-ce au contact de cette civilisation américaine que le prêtre espagnol conçut l'idée de son entreprise qui, à l'exemple du coup de tête du père Hyacinthe Loyson, devait être accueillie comme une folie par les uns, et comme un crime par les autres? Je l'ignore, mais ce que je sais fort bien, c'est que simple desservant dans une paroisse de Santander, il eut un jour l'audace de faire imprimer et publier un factum, dont j'ai un exemplaire entre les mains, avec la dédicace de l'ex-évêque, intitulé: *Eglise catholique apostolique espagnole,* bref résumé ou explication de la doctrine, rites et cérémonies de cette Église (Santander 1888), et commençant ainsi:

«A tous les Espagnols.

«Inspiré par la Divine Providence, et sans »autre aide que la foi, nous commençons la »grande œuvre de régénération de l'Eglise »catholique d'Espagne, etc.»

La lutte du pot de terre contre le pot de fer!

Le soussigné se déclare ex-prêtre de l'Église *appelée romaine,* veut établir en Espagne des églises suivant la morale de Jésus-Christ, réclame la suppression de la superstition et du commerce religieux, et il signe: Évêque de l'Église catholique espagnole. Il fait plus; il loue un local, et il dit la messe en espagnol. Le peuple accourt. L'évêque—le vrai—de Santander agite ses foudres, et notre homme est appelé non pas au tribunal de Pilate, mais au tribunal du gouverneur qui le remplace.

—Qu'avez-vous à me reprocher, leur dit-il. Je suis prêtre, et je suis espagnol. Quel est mon crime? Je dis la messe en espagnol.

Le gouverneur s'en lave les mains, et le renvoie une première fois. L'évêque—le vrai—reprend ses foudres. Le scandale est à son comble, et D. José, qui ne se rappelait peut être pas suffisamment le vers de Molière:

> Tant de fiel entre-t-il dans l'âme d'un dévôt?

est arrêté, jeté en prison, où il écrit de nouvelles brochures qu'il fait éditer à ses frais. Il passe en jugement, est condamné une première fois à sept ans de réclusion, en rappelle, est acquitté une seconde fois, et mis enfin en liberté. Il était demeuré sept mois sous les verroux.

Que faire à présent? Il faut vivre.

Son seul crime, excusable dans tout autre pays que l'Espagne, était d'avoir voulu fonder une autre église à côté de la seule église reconnue. Le pauvre homme s'était cru encore de l'autre côté de l'Atlantique. Entre temps, l'ancien local où s'étaient célébrées ces messes sacrilèges! était devenu—par hasard, sans doute,—la proie des flammes.

D. José, qui décidément a toutes les audaces, résout alors de fonder un collège; naturellement il y vient peu de monde. Et cependant l'homme est instruit, docteur en philosophie, polyglotte; les journaux de Madrid (1) ont publié son portrait. Mais qu'importe tout cela à côté du scandale causé.

L'histoire, hélas! finit assez piteusement. L'homme, découragé, ramassa un jour sa plume brisée, et la raccommoda pour écrire... à l'évêque, son ex-confrère. Il reconnaissait ses erreurs, et déclarait rentrer dans le giron!

Si la lettre fut rendue publique, vous le pouvez croire!

On lui offrit alors une cure dans un modeste village; D. José refusa. Et nous le retrouvons aujourd'hui à la tête de son petit collège admirablement bien tenu, et plein de monde, placé sous la protection—ô comble! —de Monseigneur l'évêque de Santander!

Que l'on n'aille pas me dire que tout ceci est arrangé à plaisir; j'ai en mains le libelle, j'ai lu la rétractation, là lettre offrant la cure, les prospectus du collège placé sous la protection de S. Eminence.

—Oui, je suis prêtre, continuait mon interlocuteur, et la meilleure preuve que je puisse vous en donner c'est que je conserve là tous mes habits sacerdotaux.

---

(1) Voir le *Resumen* du 20 juin 1888.

Puis, en disant cela, D. José ouvrait des tiroirs, d'où il tirait de grands cartons où dormaient d'un sommeil paisible les chasubles et les étoles.

Tout cela m'attristait au fond, car je me sentais en présence d'un homme d'une intelligence rare, d'une grande érudition, écrivain distingué, aujourd'hui maître d'école sans l'être, curé sans église, et que la crainte de la faim avait contraint à signer une piteuse rétractation. Nous remîmes en silence les chasubles dans les cartons... Pouah! j'aimais encore mieux nos conversations philosophiques du soir au café de l'Ancora, alors que nous parvenait par bouffées la brise de la mer, et que le piano renforcé d'un violon nous berçait de ses accords jusqu'à minuit.

Tout cela m'a écarté de mon sujet, mais j'y reviens.

Le vrai pays de la sardine, le vrai centre, ce n'est pas Santander proprement dit, mais cette partie de la côte qui s'étend de Santander à Bilbao. C'est Santoña, Laredo, Castro-Urdiales. Seulement, pour aller là, il n'y a pas le choix des moyens. Vers une heure de l'après-midi, je montai donc un beau jour, à Santander, moi dernier, dans l'instrument de supplice espagnol dont j'ai déjà parlé autre part, et qui s'appelle une diligence.

La voiture s'éloigne, au petit trot de ses six mules, soulevant des nuages de poussière sur son passage. Nous perdons de vue la baie de Santander, puis nous nous engageons dans un massif de montagnes boisées. Le paysage est délicieux. Nous croisons de lourds chariots aux roues pleines, traînés par de gros bœufs à l'œil doux. Dans les ruisseaux, jeunes, vieilles, cottes retroussées, jambes dans l'eau, lavent leur linge au beau milieu du courant. Des enfants courent après la diligence et se suspendent au marche-pied. A six heures seulement nous quittons la montagne, et parvenons au fond d'un golfe. Ce petit golfe n'est autre que la jolie baie de Santoña. Nous laisserons de l'autre côté de la baie, protégé contre les vents du nord par un haut massif qui le surplombe, le petit port de Santoña, et nous nous dirigerons vers Laredo dont nous sommes séparés par un bras de mer. Voitures, chariots, diligences, arrivent à la file dans un chemin creux, puis s'arrêtent. Il faut attendre le bac qui passera chaque attelage l'un après l'autre. Après une heure d'attente, c'est notre tour. La diligence et les six mules passent sur le bac; on cale les roues, une partie des voyageurs met pied à terre, et l'opération du passage commence pendant que deux gardes civils, montés dans un canot de secours, accompagnent philosophiquement le cortège. Une dizaine d'hommes armés de griffes en bois font suivre au bac le fil de fer que l'on a tendu entre les deux rives, et le radeau s'avance lentement, tandis qu'un beau soleil couchant illumine ce tableau de ses rayons de pourpre et d'or.

Nous reprenons notre course vers Laredo dont on aperçoit les premières maisons. Dans cette partie de l'Espagne, presque toutes les maisons ont un blason de pierre sculpté au-dessous du toit. A peine entré dans le village, une forte odeur de sardine brûlée vous saisit à la gorge. Entre Santoña, Laredo et Castro-Urdiales, il y a plus de trente fabriques de sardines.

La pêche de la sardine commence au mois de juin et se prolonge jusqu'à la fin de septembre. Quand la sardine est abondante, elle est petite; quand elle est grosse, elle est plus rare. Elle est apportée toute fraîche par les pêcheurs, achetée au milie, puis lavée sur de grands espaces dallés ou bitumés. Après le lavage, ou lui retire la tête, puis on la vide. Nous la voyons alors placer sur des grils qui séjournent de cinq à six minutes dans de vastes étuves, le temps nécessaire pour la cuisson. Cette opération est suivie de celle de la mise en boîtes: les boîtes de fer blanc sont alignées sur de longues tables de bois blanc. Les grils retirés de l'étuve sont apportés sur ces mêmes tables: les sardines sont disposées avec soin dans les boîtes, les unes arrosées d'huile, les autres de sauce tomate; puis la boîte fermée, soudée, est encore plongée une heure ou deux dans un bain-marie, dernière opération. C'est la même sardine qui, expédiée en Bretagne avec un nom français sur la boîte, vous sera revendue sous le nom de «sardine de Nantes» par votre épicier qui vous jurera au besoin qu'il a assisté à la pêche.

On appelle *escabèche* le thon, ou tout autre poisson, mis en baquets ou dans de grandes boîtes de fer blanc, et arrosé d'un peu de vinaigre seulement. Cette préparation se fait encore à Laredo.

L'odeur âcre des sardines grillées nous poursuit partout dans le village. Dans notre *posada* que je n'hésiterai pas à qualifier de «bien tenue», car j'y ai vu sans cesse une femme, chandelle en main, à la recherche des punaises, nous nous asseyons dans une pièce, moitié salle à manger, moitié bureau, où, après un quart d'heure d'oubli complet, malgré nos appels désespérés, on se décide à nous servir je ne sais quoi—mais à coup sûr un plat dans lequel les sardines jouaient le premier rôle.

Nous quittons Laredo par la nuit noire. La diligence s'engage à nouveau dans les massifs montagneux de la chaîne cantabrique, et nous arrivons vers onze heures du soir à Castro-Urdiales, un autre pays ou l'on hume l'odeur de la sardine. La population danse sur la place éclairée par une double rangée de lanternes vénitiennes.

Le temps s'est tout à fait brouillé après minuit. Une brume grise enveloppe tous les objets d'une teinte uniforme; il tombe une pluie fine et glacée. Enfin nous apercevons vers trois heures les lumières lointaines des hauts fourneaux qui bordent la rivière du Nervion. Le chemin nous paraît interminable; on dirait que Bilbao fuit toujours devant nous. Enfin nous faisons notre entrée en ville; quatre heures et demie du matin sonnent, et lorsque, transi de froid, nous sonnons à la porte de l'hôtel, nous nous apercevons que notre voyage au pays de sardines n'avait duré que la bagatelle de seize heures!

COINS DE VISCAYE ET DE GUIPUZCOA

Les Anglais à Bilbao.—Aspect de la ville.—Un cimetière au haut d'un escalier.—Notre Dame de Begoña.—L'*ensanche*. —Une locomotive qui saute un étage.—Les femmes de Viscaye.—Le minerai de fer et le débarquement de la morue.— Un chemin de fer en miniature.—Un décor d'opéra comique. —Eibar.—La fabrication des armes.—Les bijoux damasquinés.—M. Zuloaga et son musée.—Une ville qui émigre.—La ligne de Zumarraga.—Tolosa.—Invasion de madrilènes.— Madrilènes et provinciaux.—*Vous* et *tu*.—Encombrement de St Sébastien.—Renteria.—Une fête dans la vallée de Oyarzum.—Une course de taureaux sur la place du village.—Impressions du pays basque.

Fidèle à mon système qui consiste à bannir résolument du récit tout ce qui peut être trop connu, je ne m'arrêterai guère à vous parler de Bilbao, bien que la capitale de la Viscaye soit infiniment moins fréquentée par nous autres, français, que Barcelone ou que Madrid. A Bilbao, place aux anglais! Ils y viennent chercher le minerai de fer en échange de leur charbon; par suite de ces relations continuelles les deux peuples se sont fondus, et comme l'Anglais n'adopte jamais les coutumes des autres, c'est ici l'Espagnol qui a pris les contumes de l'Anglais. Ces habitudes d'exactitude, d'ordre, de ponctualité, venant se greffer sur une race telle que celle de la Viscàye, travailleuse, active, résistante, il en est résulté la fortune de Bilbao.

La ville donc, par elle même, petite, encaissée entre deux montagnes sur les bords de l'étroit Nervion qui, mis à sec à marée basse, exhale des odeurs épouvantables, ne présente ni caractère, ni grandeur. De plus, le cours du Nervion étant excessivement tortueux, il est bien difficile d'avoir un coup d'œil d'ensemble. Si l'on est jeté brusquement une nuit, par exemple, dans Bilbao, sans avoir pu se rendre compte de la richesse et du pittoresque des environs, l'arrivée dans cette ville est une déception absolue.

Ce coup d'œil d'ensemble, on peut l'avoir cependant, si l'on a le courage de monter à l'antique chapelle de Notre Dame de Begoña. J'y fus conduit par le hasard. Un dimanche, en flânant, j'arrive dans la vieille ville au bas d'un immense escalier tournant. Je le gravis, et je m'aperçois bientôt—après 275 marches—que cet escalier était le chemin du cimetière où l'on monte les morts à force de bras, naturellement. Mais comme l'escalier ne finissait pas là, je montai toujours, et après une autre centaine de marches, je me trouvai dans les champs, avec un magnifique panorama devant les yeux. Plus loin, une belle promenade, bien ombragée, avec de grands arbres, et au bout de cette promenade une église: c'est le pèlerinage de Notre Dame de Begoña,—le Fourvière de Bilbao.

La mer, comme l'on sait, se trouvant à environ trois lieues de Bilbao, c'est le Nervion canalisé qui sert à amener les vapeurs d'un certain tonnage jusqu'au pont de pierre. Le Nervion serpente donc entre des montagnes élevées—qui sont des montagnes de fer. Bilbao est au fond de l'entonnoir.

Sur la rive droite, la vieille ville, avec ses rues rectilignes, ses maisons aux vitres multiples. Du reste, dans toute cette partie de l'Espagne, où tous les balcons sont vitrés, on ne voit absolument que des carreaux. Les grillages mauresques y sont inconnus.

Sur la rive gauche, l'*ensanche,* c'est à dire la nouvelle ville, avec de grandes rues et des maisons luxueuses. Quartier pavé de bonnes intentions, mais un peu neuf, et trop désert. A revoir dans dix ans. Enfin de petites gares desservent les rives du Nervion jusqu'à la mer, et ce sont ces deux lignes qui jouent le plus grand rôle dans la vie industrielle de Bilbao; l'une, celle de Portugalete, sur la rive gauche, relie toutes les mines et les hauts fourneaux du Désert et de Sestao, l'autre, celle de Deusto, sur la rive droite, ne s'arrête qu'à la jolie petite plage de las Arenas. C'est au pied de cette dernière gare, située au premier étage, à Bilbao, que je faillis un jour, à quelques secondes près, recevoir un locomotive sur la tête, laquelle, d'ailleurs, écrasa une malheureuse femme,—accident identique à celui de gare Montparnasse, à Paris, où la locomotive ne pouvant être arrêtée à son entrée en gare, alla se briser sur le pavé.

Ayant eu l'occasion de décrire autre part, dans des articles spéciaux, les hauts fourneaux, les fonderies, les mines de fer, je n'ai pas lieu d'y revenir. Mais là, et là seulement, est le véritable Bilbao. Le Catalan a pour lui la variété dans l'industrie et l'instinct de l'imitation. Mais cette industrie, pour si perfectionnée qu'elle soit en draps, en toiles, en tissus, en imprimés sur étoffes, peut être ruinée demain par une concurrence ou une invention étrangère. Le Viscayen, lui, n'a qu'à gratter son sol, il en fait sortir du fer, et ce fer est un des meilleurs qui existent. La source de sa richesse est inépuisable et ne craint pas la concurrence.

Il faut les voir sous la pluie fine—il pleut toujours à Bilbao—les robustes femmes de la Viscaye, pieds nus, cotillon court, marchant en file, et portant sur leurs têtes, dans des corbeilles de sparterie, le minerai qu'elles vont déverser dans la cale des vapeurs amarrés. Elles s'engagent une à une sur la planche glisante, vieilles, jeunes, trottant menu, se pressant, car il y a un jeton à recevoir au bout de chaque voyage, et chaque douzaine de jetons équivaut à cinquante centimes de salaire. Ah! les rudes femmes, au profil pur, antique. Quelques unes chantent une mélopée traînante tout en allant et venant. Ou bien, si elles n'aident pas à charger le minerai qu'apportent à la rive les petits chemins de fer aériens, elles s'emploient alors à débarquer la morue. Sêches, plates, rigides, ces morues dégringolent parfois le long de la route. Alors d'autres femmes, postées en sentinelles, ramassent les morues tombées, les replacent sur la tête de celles qui suivent, et tous ces pieds nus s'agitent dans la terre glaise détrempée par la pluie, tandis qu'un peu plus loin les anglais en casquettes, et pipes à la bouche, se promènent tranquillement, semant çà et là de petites colonies. Puis, sur les rives du Nervion, les usines poussent à vue d'œil, comme les champignons dans les bois après une grosse pluie.

Laissant sans regret Bilbao—fin juillet— le lendemain de la *Santiago,* fête nationale de toutes les Espagnes, je prends la ligne de Durango qui passe par Eibar et se prolonge jusqu'à Zumarraga.

Cette gare est une gare spéciale—en miniature. Les wagons sont aussi petits que la gare: le chemin de fer de Tom Pouce; on ne peut s'asseoir que quatre de front, la voie ferrée est très étroite, et la locomotive ressemble à un jouet d'enfant.

Tout cela provient de ce que cette ligne s'ouvre difficilement un chemin entre des massifs considérables de montagnes, allant, venant, grimpant, redescendant, tournant surtout dans tous les sens, à ce point que le mécanicien ne peut jamais apercevoir plus de cinquante mètres de voie devant lui, et que le voyageur qui met la tête à la portière est toujours sûr d'apercevoir, au delà d'un ravin, une ligne parallèle qui est celle que l'on vient de quitter, à moins que ce ne soit celle que l'on va prendre.

Ce passage, qui rappelle en diminutif celui du Saint-Gothard, est admirable. Dans cette saison de l'année toutes les montagnes sont verdoyantes, l'air y est pur et frais; nous cheminons ainsi sans ennui, pendant trois ou quatre heures, bien que des dames aient le mal de mer par suite du roulis imprimé aux wagons, et je descends enfin à Eibar.

Un décor d'opéra-comique: le *Pardon de Ploërmel*, le *Val d'Andorre*, *Guillaume Tell*, ou ce que l'on voudra. Les moutons semblent accrochés aux flancs des coteaux; les grandes cabanes ont des airs d'accents circonflexes. Parfois, au même instant dans les vallées, nous avons vu le soleil, le brouillard, la pluie, et l'arc en ciel, et nous pensions à ces cartes d'école qui réunissent tous les phénomènes dans le même cadre afin de faire mieux saisir aux élèves le sens et la signification de chacun.

Au pied des montagnes vertes, un joli torrent qui murmure; dans le village, de petites maisons, toutes vitrées du haut en bas, se serrant les unes contre les autres; la fumée qui s'élève lentement des chaumières va se mélanger aux nuages qui couronnent les cimes voisines, et tout cela nous fait l'effet de gros flocons de ouate qui passeraient au dessus de notre tête. Autour de nous, de braves gens, tous coiffés de bérets, parlant basque, idiome absolument impossible à comprendre, aussi bien pour un espagnol que pour un français.

Il n'y a pas d'hôtel à proprement parler, à Eibar, mais une *posada* unique dotée d'un nom basque impossible à retenir. Je m'informe à la descente du train, et un petit vieux à béret s'approche de moi: c'est le patron. Il m'emmène à travers le village et je m'aperçois bientôt qu'il parle espagnol avec beaucoup de difficulté; je ne pousse pas plus avant la conversation.

Voici la posada souriante, fraîche et coquette, au fond du ravin. Sous la fenêtre de ma chambre, le petit torrent roule ses flots sur de grosses pierres avec un bruissement fort agréable à entendre. Au milieu du torrent, les pieds nus, les jambes nues, de grosses filles solides et gaillardes, lavent leur linge. Tout autour, pour clore l'horizon, un cercle de montagnes très proches, carressées par des nuages gris. Çà et là, des vaches disséminées dans le pâturage; quelque chose dans l'ensemble rappelant un peu le sujet des anciens tableaux mécaniques à horloge. Dans la rue, tous les enfants jouent à la *pelota,*—à la paume—et par chaque porte, par chaque fenêtre entrouverte, l'on aperçoit un petit atelier d'armurier.

Cette petite ville d'Eibar est célèbre depuis des siècles par la fabrication de ses armes, armes blanches d'abord, armes à feu par la suite, mais si les armes ont changé à travers les âges, on peut dire que la répartition du travail est restée la même, et nous trouvons ici l'industrie comprise à peu près de la façon dont on devait l'entendre au moyen-âge. C'est en vain que l'on y chercherait une grande usine, une fabrique: chacun est armurier à domicile, avec un ouvrier ou un apprenti pour l'aider, et toute la population travaille ainsi, celui-ci faisant la gâchette, cet autre le canon, cet autre le chien. Jusqu'à mon hôte qui n'a pas échappé à cette contagion, de telle sorte qu'entre la confection d'une friture à l'huile ou d'un plat de piments au riz, je le surprends dans son minuscule atelier, sa paire de lunettes descendue sur le bout de son nez, en train de fabriquer presque en catimini une petite crosse, spécialité dans laquelle, paraît-il, il excelle.

Mais il n'y a pas que la fabrication des armes qui soit réputée à Eibar, il y a aussi celle des bijoux damasquinés et ciselés, dont un artiste, bien connu aussi à Paris et à Londres, M. Zuloaga, s'est fait le rénovateur et le propagateur.

Bien originale aussi la figure de M. Zuloaga, qui nous reçoit dans sa maison—ancienne demeure d'un contrôleur des armées de Charles Quint—transformée en musée. C'est ce musée que l'un de nos illustres confrères de la presse espagnole, M. S. Arana, voulut un jour essayer de décrire dans la *Revista de Viscaya*. Il vint à Eibar, et passa quinze jours à prendre des notes.

Armures, coffrets, émaux, verreries, ivoires anciens, faïences, tableaux, sculptures, s'entassent dans cet antique manoir à côté des travaux du maître de la maison qui sut faire revivre l'ancien *damasquiné* milanais —fait avec un fil d'or capillaire sur la surface du fer préparée—tandis que l'*incrustation* consiste à graver en creux, embutir l'or, graver et limer par dessus. C'est encore ce chercheur infatigable qui étonna Paris, Londres et New-York avec ses prodigieux *reliefs,* application de l'or de différentes épaisseurs ciselé sur la masse.

—Depuis trente ans que je suis ici, nous disait ce maître ciseleur, j'ai formé plus de deux cents artistes!

Et de fait le regain d'actualité accordé aux bijoux damasquinés or et ciselés n'a pas eu d'autre point de départ que ce castel à donjon du xve siècle, véritable demeure seigneuriale où nous nous sommes cru transporté pendant quelques heures, entouré de tant de souvenirs précieux, et entraîné par le charme de la conversation du maître de la maison sur son art, aux beaux temps de la Renaissance florentine, et à la cour de quelque petit prince italien.

Il faut bien cependant se faire une raison, abandonner les douceurs d'Eibar, quitter ma *posada* où les gens sont si prévenants, laisser le vieux père fabriquer ses crosses, ne plus revoir l'aimaible et gracieuse jeune fille qui nous sert à table, renoncer à mon paysage, aux vaches accrochées au flanc de la montagne, aux nuages de ouate qui passent, au murmure du torrent, au bruit de ferraille qui s'échappe des petits ateliers,

aux fifres et aux tambourinaires. Eibar!
Coin délicieux, perdu dans la verdure, un
des rares pays où l'on se laisserait volontiers vivre sans rien souhaiter, sous les
chênes et les hêtres séculaires, et où l'on
assiste encore chaque année á ce spectacle
peut-être unique au monde: tous les habitants, le 8 septembre, se rendant sur la
montagne pour la fête de la Vierge, y construisant des baraques, y apportant des provisions, et s'y installant pendant huit jours,
y compris la municipalité et le clergé!

Je retrouve le petit chemin de fer de Durango qui va rejoindre la grande ligne à
Zumarraga. Cette partie du voyage est encore plus pittoresque que celle de Bilbao à
Eibar. On traverse un pays d'une beauté
grandiose. Notre train côtoie le bord des
précipices, serpente, s'engage dans d'étroits
couloirs; une vache égarée qui s'est réfugiée
sur la voie, dans l'un des ces défilés, est
pourchassée à coups de sifflet par la machine
qui a ralenti son allure.

Nous mettons pied à terre à Zumarraga,
où tout le monde s'appelle Ugalde, nous
attendons le train qui arrive de Madrid avec

une heure de retard—c'est l'usage—et nous remontons vers le nord, jusqu'à Tolosa, où nous arrivons enfin vers midi.

Tolosa est une ville absolument sans intérêt, mais située dans une agréable vallée. Elle n'est guère connue que par ses papeteries assez nombreuses, conséquence de forces hydrauliques importantes dont on a su tirer parti.

L'hôtel où je descends est bizarre. Tout le rez-de-chaussée est occupé par un magasin de nouveautés dont le patron a su cumuler les fonctions avec celles de maître d'hôtel. La salle à manger est à l'entresol, et les chambres à coucher au-dessus. Une petite servante à la mine éveillée, qui répond au doux nom de Pépa, vient vous débarrasser de vos paquets.

La foule est nombreuse, et la table d'hôte est remplie, car nous sommes à cette époque de l'année où tout madrilène qui se respecte prend un billet d'aller et retour pour les bains de mer avec Saint Sébastien comme objectif. Il y a donc là des gens «qui sont de Madrid» et qui le font savoir toutes les deux minutes: « A Madrid, nous faisons comme ceci; à Madrid nous faisons comme cela.» C'est ce que les peintres appellent, je crois, en langage d'atelier, vouloir «épater les populations» ou encore «impressionner les masses».

Mais je crains bien qu'ici même, à Tolosa, les populations ne «s'épatent» point, ni que les masses ne «s'impressionnent». En effet, il y a là quelques industriels et commerçants que leurs relations obligent à se déplacer sans cesse non seulement en Espagne, et qui connaissent forcément autre chose que la ligne de Madrid à Saint Sébastien; un vieux curé, accompagné de sa nièce, nous a avoué, après le départ des madrilènes, qu'il s'était demandé un instant «ce que c'était que ces gens là?»

Ces *gens-là* étaient cependant des gens fort convenables, et de bonne société, mais la petite demoiselle qui mettait les coudes sur la table en prononçant sans cesse son adverbe favori «divinamente», d'une façon quelque peu agaçante, avait la langue un peu trop longue, et surtout le tort si fréquent chez nos parisiennes, de regarder comme une non-valeur tout ce qui n'émane pas de la *capitale!*

Ces études de table d'hôte sont évidemment fort banales, car les mêmes types s'y représentent presque périodiquement, et cependant elles peuvent parfois prendre quelque intérêt, lorsqu'on se trouve, comme c'était le cas ici, en présence de deux antagonismes bien marqués: la province et la métropole.

Que faire le soir à Tolosa, sinon rester à causer dans le salon de l'hôtel jusqu'à minuit? Seul, le curé, accompagné de sa nièce, avait battu en retraite à l'heure où l'on éteint les cierges dans l'église.

Les luttes oratoires—madrilènes d'un côté, catalans et provinciaux de l'autre,—recommencèrent comme de plus belle. Les castillans, dans un langage assez élevé, élégants, beaux parleurs, vantent Madrid et ne veulent entendre parler de rien autre. Les catalans leur répondent — et non sans grand bon sens—que Madrid est une fort belle ville, mais une ville de fonctionnaires et d'employés. Ils font une peinture très exacte des environs de la capitale, un désert sans ombre, une steppe aride, une lande immense sans la trace d'une habitation; ils rappellent la cherté de la vie, les variations brusques de la température, les chaleurs tropicales pendant l'été, et les froids sibériens pendant l'hiver, le vent, les épidémies fréquentes, et l'un d'eux conclut, en manière de péroraison:

—Dites plutôt que les relations y sont charmantes, que l'esprit y est développé, la culture intellectuelle supérieure et que cela fait passer sur bien des choses. Mais sans cela, avouez-le, et vous le savez comme nous: à Madrid, cinquante mille livres de rente ou rien: chapeau de soie ou casquette. Eh! bien, combien de nous, avec cinquante mille livres de rente, sans attaches à la cour, s'empresseraient d'aller vivre ailleurs!

Le lendemain, les madrilènes ayant gagné les plages, ce fut le curé qui s'empara de la conversation en nous faisant une longue dissertation sur l'emploi des pronoms *vous* et *tu* dans les rapports d'enfants à parents.

—Pour moi, déclarait un espagnol, je suis fils de français; mon père, suivant la coutume française, m'habitua à le tutoyer. Je lui dis *tu;* j'ai quarante ans, et j'ai la prétention de respecter mon père autant que si je lui disais *vous*.

Le curé fort peu convaincu hochait la tête.

—Dans ma province, reprit un autre, nous disons *vous* à notre père, et nous lui baisons la main tous les soirs avant de nous retirer.

—Un enfant qui ne dit pas *vous* à ses parents, objecta sentencieusement le curé, ne peut pas avoir du respect pour eux.

L'un de nous crut devoir intervenir dans le débat:

—M. l'abbé parle au point de vue d'une coutume, établie dans un seul pays; mais M. l'abbé qui sait le latin, n'ignore pas que les latins disaient *tu* à leurs parents, et nulle part cependant l'autorité du *pater familias,* qui avait le droit de vie et de mort sur les siens, ne fut si grande que dans la société antique. Ces mêmes latins disent *tu* à Dieu, et vous lui dites *vous* en espagnol. L'adorez-vous autant, ou plus? Question d'habitude où ni l'amour ni le respect n'ont rien à voir. Les anglais disent *vous* à tout le monde—*tu* à Dieu.—Les allemands disent *ils* à une seule personne. Les français parlent à la seconde personne du pluriel, les espagnols à la troisième personne du singulier. Qui a tort ou qui a raison?

* * *

Tombeau pendant l'hiver, Saint Sébastien devient cohue pendant l'été. N'ayant jamais eu de goût pour coucher sur un billard—quand bien même on en aurait retiré toutes les billes—vous ne trouverez pas mauvais que j'aie été établir ma résidence un peu plus loin, à Renteria, au fond d'une vallée: un pont, un châlet-restaurant près du pont servant de relai aux touristes venus à cheval ou en voiture de Saint Sébastien. Au fond les contreforts des Pyrénées. Je n'ai plus le beau décor d'Eibar, mais j'en ai la tranquillité douce.

Le lendemain de mon arrivée est un dimanche: Saint Sébastien est encombré par la foule qu'y ont déversée vingt trains de plaisir. Que faire? Une fanfare passe sous mes fenêtres. Ce sont des gars du pays, tous coiffés d'un béret rouge. On me dit qu'ils se rendent dans la vallée d'Oyarzum, à une lieue d'ici, où il y a une fête basque. Comme personne n'a de chapeau dans le pays, je me procure à la hâte un béret, et je me mets en route pour la vallée. La fanfare m'y a précédé, et donne une sérénade à l'alcalde. On a élevé deux estrades sur la place. Tout autour de nous de hautes montagnes. Nous sommes comme dans le fond d'un entonnoir.

J'entre dans la vieille église, qui est fort belle. Le sol est jonché de palmes. On se presse de dire le salut, car le curé a hâte de venir assister à la course de taureaux qui va avoir lieu sur la place même du village.

Nous allons le revoir tout à l'heure au balcon de l'*Ayuntamiento*. Bien curieuse aussi cette maison de ville du xviie siècle, avec ses blasons de pierre sculptée. Un petit bossu, l'air flegmatique, fait partir des pétards par les fenêtres pour donner un peu d'animation.

Je prends place sur l'une des deux estrades, au milieu des bérets, seule coiffure tolérée ici. Quant aux gens qui habitent sur la place, ils ont pris soin, comme de juste, de barricader portes et fenêtres pour éviter chez eux l'irruption un peu bruyante du taureau.

La *corrida* était annoncée pour quatre heures, mais les *toreros* n'arrivent pas. Les grandes ombres descendent des montagnes sur la petite place. Le curé est toujours à son poste au balcon de la Maison de Ville; le petit bossu fait partir pétard sur pétard.

Cinq heures! La foule grouille. Que de bérets! Que de berêts! Et surtout que de phrases basques incompréhensibles, car la langue espagnole est ici totalement délaissée. Tout autour de la place on a construit, le long des maisons, cinq ou six abris en planches, car il n'y a pas de barrière. Tout à coup les *toreros* sortent tout flamblants de la maison d'un marchand de vins.

Tout *flambants* est ici employé plutôt au moral qu'au physique, car les pauvres gens font peine à voir tant ils sont maigres; leurs costumes sont fanés, rapiécés, usés; l'effet est piteux et désastreux. L'on ne se douterait guère qu'à la même heure Guerrita ou Mazzantini travaillent à raison de cinq mille cinq cents francs le cachet! Toute la différence qui sépare un sociétaire de la Comédie française d'un pitre de foire.

J'ai bien vu sortir les toreros de chez le marchand de vin, mais d'où va sortir le taureau? — De derrière une palissade qui ferme une maison en construction. Le petit bossu fait partir du coup deux pétards! Quant aux toreros, ils ont disparu. Ne les cherchez pas. Ils se sont réfugiés derrière les abris en planches, et ils n'en sortiront presque plus.

Seul, le dernier taureau devait être sacrifié. Mais avec de pareils apprentis la chose n'est pas des plus faciles. L'un tient la malheureuse bête par les cornes, des gamins lui tirent la queue, l'*espada* la transperce sans résultat. Le curé s'impatiente et trouve que ce supplice se prolonge trop; quant au bossu il n'a plus de pétards: la provision est épuisée. Je reviens à Renteria avec les bérets rouges, alors que l'on se prépare à danser toute la nuit dans la vallée au son des fifres et des tambours.

Mon Dieu! dans tous ces coins de pays basque, que l'air est donc pur, le paysage grandiose, les gens affables, et les visages souriants!

AU PAYS DES PIMENTS

Les piments.—Le raisonnement des épinards.—La Rioja.—La patrie de M. Sagasta.—Le monument d'Espartero.—La cathédrale de Logroño.—Les Saintes Vierges.—Calahorra.—La statue de la matrone.—Ruines et cahutes.—Un bayonnais et un bordelais.—A la recherche d'un cirque antique.—Et Numance?

Aimez-vous les piments? Vous savez ces pseudo-tomates, rouges, rouges, avec des petits pépins? Moi, je les déteste. En Espagne on en met dans toutes les sauces; on les mange aussi crus, par tranches, arrosés d'huile; on les fait sécher, et l'on en égrène les miettes dans le potage; bref, on prétend encore que cette poudre rouge arrête les hémorrhagies, et de fait c'est avec cette graine salutaire que l'on me saupoudra la tête, un jour que je m'étais fendu le crâne à Malaga. Mais, crâne à part, je ne puis absolument pas les souffrir.

Arnal disait: «Je n'aime pas les épinards, et j'en suis enchanté, car si je les aimais j'en mangerais; or, je ne puis pas les voir en face.» Je suis absolument de son avis, en ce qui concerne les piments. Mais enfin, tout cela n'est pas une raison pour ne pas aller leur rendre visite, dans leur pays.

Le piment pousse un peu partout, en Espagne, mais principalement dans la Rioja, entre Logroño et Calahorra, sur les confins de l'Aragon. Calahorra principalement, est le pays des piments par excellence.

Un véritable espagnol ferait à pied toutes les lieues, que je ne ferais pas, pour manger des conserves de piments de Calahorra. Je traversai donc de part en part la Rioja qui est un splendide pays de vignobles dont le centre est Haro, et je m'arrêtai à Logroño qui est le chef-lieu de la province du même nom.

Logroño est situé sur la rive droite de l'Ebre. La ville est propre, assez gaie—relativement—mais toute petite. On y voit beaucoup de casernes, de séminaires, et une manufacture de tabacs. Ce fut la résidence d'Espartero et c'est—par approximatif—la patrie de M. Sagasta qui naquit dans les environs.

Or, voyez la bizarrerie des choses: le premier, qui est mort, attend encore sa statue sur un magnifique piédestal vide autour duquel de vieux rois de Castille et d'Aragon, en marbre blanc, semblent danser une sarabande, tandis que le second qui est vivant, et bien vivant, a sa statue en bronze au haut d'une colonne, monument que les gens du pays appellent, un peu irrévérencieusement peut-être, le *Sagasta del Pilar*.

Bien maigre la statue, mais flatté le portrait de l'illustre homme d'Etat. C'est une compensation. Il est vrai que du vivant des gens il y a bien des licences que l'on ne peut pas se permettre.

Au bout de dix minutes on a parcouru toute la ville. Mais si la ville n'est pas grande elle possède trois belles églises. Je m'en vais visiter la principale que j'avais prise pour la cathédrale—erreur impardonnable, car il n'y a pas d'évêque à Logroño. L'évêque réside à Calahorra dont les habitants se révoltent à main armée toutes les fois qu'il est question de transporter le siège épiscopal à Logroño.

Je vais donc voir l'église dont les deux tours ont des airs de pagode indienne. Elles sont bien campées ces deux tours qui remontent au siècle dernier. L'église est beaucoup plus ancienne, et les murs intérieurs en sont tout noirs. C'est un beau monument de style sévère, et dont le sol est parqueté. Cette particularité n'est pas la seule dans l'église de Logroño.

Un grand tableau, assez mal peint, mais étrange, avait attiré tout particulièrement mon attention: divers personnages grandeur naturelle, évêques, prélats, grands du royaume, ouvrent un cercueil dans lequel une vieille femme couronnée est couchée, et tous, mais tous sans exception, se bouchent le nez avec leurs doigts. Les évêques se bouchent le nez, les grands d'Espagne, les chantres, les enfants de chœur.

Je cherchai donc à lire l'inscription assez entortillée qui se trouve au bas du tableau, mais les lettres enclavées les unes dans les autres et les mots en abrégé ne me rendaient pas la besogne très facile; je me livrais à cette opération quand une vieille dame, habituée de la paroisse, et qui sans doute avant ma venue n'avait jamais fait attention à ce tableau, vint me demander timidement ce que cela pouvait bien représenter.

—Je n'en sais rien, ma chère dame. Je cherche précisément à le savoir.

Enfin j'avais trouvé: par ordre de Charles Quint, le cadavre d'Isabelle la Catholique est exhumé à Grenade.

D'où je conclus que la peinture réaliste ne date pas d'hier. Je recommande aux curieux qui s'égareront à Logroño la grimace des prélats, et surtout celle de l'enfant de chœur au premier plan.

La vieille dame ne m'avait pas plus tôt quitté que j'étais abordé par un bambin de six à sept ans, en blouse bleue, l'œil vif, intelligent.

—Je vais vous faire voir les Saintes Vierges, monsieur. Il y en a beaucoup ici, et elles sont bien belles.

Je compris que j'avais à faire à un enfant de chœur.

—Et où sont-elles donc, tes Saintes Vierges, mon petit ami?

—Derrière ces rideaux.

Je m'aperçus alors que chaque chapelle est machinée—toute mauvaise intention à part dans ma comparaison—comme un petit théâtre de marionnettes. On tire une ficelle, la toile se lève. L'impression est encore la même au tir à la carabine, toutes les fois qu'on met dans le noir. On a droit à une surprise.

Le gamin grimpe sur les autels, me tire toutes les ficelles, et voici la Vierge del Pilar, la Vierge del Carmen, la Vierge des Dou-

aux pavés très pointus, sans trottoirs, et que c'est la patrie des piments. Et quand je dis que les maisons sont noires, je m'explique, car tandis que la maison, ou cahute, est d'une malpropreté repoussante, ses murs sont tapissés du haut en bas de longs chapelets rouges, ou grappes de piments qui sèchent ainsi attachés après une corde. L'effet en est bizarre, singulier. On dirait de tapis rouges accrochés en dehors des fenêtres, mais de ces tapis de fanfreluches faits en soies de couleurs éclatantes, de ces descentes de lits, genre arlequin, que les dames de province se plaisent à confectionner avec de vieux bouts d'étoffes.

Sur la place publique une statue de marbre blanc.

N'ayant pas bien compris à première vue ce que cela pouvait représenter, un homme, une femme, un juge ou un soldat, je m'approchai, et dus renoncer à comprendre. Figurez-vous, pour être exact, une figure imberbe avec un air grognon, sans définition de sexe ni d'âge. Ce personnage énigmatique, coiffé d'une chapska de lancier polonais, revêtu d'une toge, très court en jambes, serre fortement sur sa poitrine, devinez quoi?... un bras humain.

Mystère? Je lis sur le socle: «Je l'ai emporté sur Rome et Carthage.» Rien de plus. Aussi mon premier soin fut-il de questionner une des notabilités du pays:

—Quelle est donc cette statue que vous avez là sur votre place?

—Oh! fit mon interlocuteur, négligemment, *una porqueria!*

Je vis avec plaisir que le bon goût n'était pas qu'un vain mot chez les descendants des romains.

—Oui, continua-t-il, la statue ne vaut pas cher.

—Mais enfin, hasardai-je, qu'est ce que ça représente?

—C'est la matrone.

—Quelle matrone?

—La matrone que l'on a recontrée dans la grande rue dévorant un bras humain.

—De l'anthropophagie! m'écriai-je.

—Les horreurs du siège.

—Pristi!

Sur ces entrefaites je pris congé de l'habitant de Calahorra et j'allai voir ce qu'on mangeait à mon hôtel. Le temps du siège était passé heureusement, mais la belle époque des piments battait son plein. De beaux piments bien rouges nageaient dans une huile âcre et nauséabonde. Franchement j'aurais dû m'en douter.

Dans la journée j'entrepris de faire le tour de la ville. Elle est hideuse, mais fort curieuse: un mamelon sur le bord d'une rivière à sec; des ruelles grimpantes à l'usage des chèvres, et partout des traces romaines, car il y a ceci à noter: les romains ont jeté les fondations des maisons; les maisons ont été incendiées je ne sais combien de fois. Or les habitants n'ont jamais eu le courage ni de jeter tout par terre, ni de reconstruire entièrement. Alors on ne sait pas trop ce qu'on voit. Jusqu'à la hauteur de un mètre cinquante au dessus du sol, ce sont de vieilles pierres si rongées par les ans qu'elles ont l'apparence de la pierre ponce. Par là dessus, c'est un entassement sans nom de cailloux, de galets, de briques dépareillées, de poteries cassées, voilà la ville. Je ne connais rien de plus sale, ni de plus affreux. Et ce pavé! On crève ses chaussures à chaque pas. Partout fragments de murailles branlantes, de tours décapitées, de pans de murs éventrés. Il y a des gens qui logent là dedans.

La cathédrale, au bas de la ville et sur les bords de la rivière, est un monument très ancien, assez remarquable intérieurement.

L'évêque, un fort bel homme, ancien capitaine d'artillerie, coiffé d'un grand chapeau à rebords verts, revêtu d'une longue cape violette, s'en va dans une paroisse où des enfants l'attendent pour la Confirmation.

Je regagne l'intérieur de la ville par de véritables échelles de Jacob. La matrone, sur la place, n'a pas bougé.

La seule industrie de Calahorra, qui compte huit mille habitants, est la fabrication des conserves végétales. Les champs de la Rioja sont d'une fertilité incomparable. Quarante ou cinquante maisons exportent, chacune l'une dans l'autre, de quarante mille à cinq cent mille boîtes de conserves à l'année. L'île de Cuba seule dévore un nombre incalculable de boîtes de piments.

Puis, indépendamment des piments qui se récoltent du 15 septembre au 15 novembre, nous trouvons les petits pois en juin, les abricots et les prunes en juillet, les pêches et les tomates en août. Dans les ateliers, les uns préparent les fruits et les légumes, les autres les font cuire; d'autres enfin confectionnent les boîtes de fer blanc, les remplissent, les ferment et les soudent. La conserve de viande ou de poisson y est totalement inconnue.

J'ai rencontré à mon hôtel un français de Bayonne, qui prend là sa pension, et un jeune homme de Bordeaux qui achète des vins dans la région. Ils me parlent de la vieille ville qui était immense. Le bayonnais a creusé pendant trois mois dans un endroit qu'on lui avait désigné, et a trouvé des vieux pots cassés. Le bordelais a trouvé des menues monnaies. Ils me signalent l'emplacement d'un ancien cirque.

Je m'en vais aussitôt à la découverte de ce cirque, ou plutôt de cet hippodrome, et je retrouve parfaitement, hors la ville, des murailles, base des gradins disparus, dessinant une forme elliptique dont j'évalue la longueur à 200 mètres et la largeur à 50. Dans un des bouts de l'hippodrome je vois une colonne encore debout, mais toute chancelante, sorte de but à atteindre. Seulement cette colonne me semble appartenir à une date postérieure à celle de la construction du cirque. On me raconte dans le pays que l'on a découvert, il y a quelques années, en plantant là des arbres, tout un système de tuyauterie souterraine, ce qui ferait supposer que l'on donna là également des naumachies. Tout autour, un panorama fort grandiose; près de nous des champs fertiles, bien cultivés; Calahorra dans son affreuse laideur; au coin des rues de petits soldats romains dans des niches en guise de Saintes Vierges; partout des piments suspendus en long chapelets. Plus loin, une chaine de montagnes.....

Et Numance?

Oui, à propos, Numance. Eh! bien l'antique Numance est là bas, derrière la montagne, près de Soria. Il faut un jour entier de diligence pour gagner cette dernière ville par des chemins épouvantables.

Ce sera pour une autre fois.

CHOIX DE PAYSAGES

Tracasseries administratives.—Mauvaise impression première.—Aspect varié des provinces. — Les Asturies. — Gijón.—La plage et le port.—La statue de Jovellanos.—Une invasion de *gallegos*.—León.—Palencia et sa cathédrale.—Burgos et ses splendeurs passées. — Valladolid. — Ségovie. — Un décor d'opéra.—L'aqueduc romain.— Une histoire à dormir debout.— Le Robinson de la draperie.

En France, les voyages sont courts, les villes rapprochées, et l'unité des anciennes provinces parfaite. En Espagne, ne l'oublions pas, outre que les distances à franchir sont considérables, et les principaux centres éloignés les uns des autres, les trains marchent avec une lenteur désespérante, passent peu fréquemment, manquent de tout confortable; il faut un jour et une nuit pour aller de Madrid à Séville, par exemple, et l'express entre Madrid et Barcelone ne part qu'une fois *tous les deux jours*. Je me rappelle toujours de ma surprise lorsque, n'ayant pas remarqué ce détail sur l'horaire, je me disposai la première fois à quitter Saragosse pendant la nuit. Stupéfait de trouver tout le monde endormi dans l'hôtel au moment du départ d'un train, je m'obstinais à réclamer une voiture, tandis que l'on s'efforçait de me démontrer qu'il n'y avait pas d'express ce jour là. Il y a tout un apprentissage à faire de ce côté là. De même pour les bureaux de poste: des villes de plus de trois cent mille habitants, comme Barcelone, n'ont qu'un seul bureau de poste, et encore certains guichets, comme ceux de la poste restante ou des lettres recommandées, n'ouvrent-ils qu'à de certaines heures déterminées. C'est ainsi qu'un jour encore, à Vitoria, je ne pus envoyer une lettre chargée à onze heures du matin parcequ'il était trop tôt pour cette ville, tandis qu'un peu plus loin, à Logroño, on me renvoya pareillement, à trois heures de l'après midi, parcequ'il était beaucoup trop tard pour cette autre! Et ce sont, il faut bien le reconnaître, ces misérables questions matérielles qui irritent et découragent profondément les étrangers qui viennent pour la première fois en Espagne. On s'en va raconter chez soi les vexations des agents en douane, les modes de voyage, les lenteurs administratives, la cuisine déplorable, les assauts reitérés des mendiants; et de là à conclure que ce pays est le plus arriéré du monde il n'y a qu'un pas. N'ai-je pas entendu demander très sérieusement, hors d'Espagne, si les routes y étaient sûres, et si l'on y connaissait les tramways!

L'Espagnol qui lira ces lignes ne pourra manquer de sourire; et cependant à qui la faute si l'on ne fait rien, dans son pays, administrativement parlant, pour atténuer cette impression première qui est, de l'avis unanime, absolument pénible et désastreuse? De telle sorte — et c'est là une des principales raisons qui nous ont fait mettre en ordre ces notes de voyage — que nous en arrivons à dire que l'étranger qui visite l'Espagne en courant ne peut s'en faire qu'une idée fausse, absolument fausse, et que pour connaître cette race si fière et si chevaleresque, il faut l'avoir fréquentée pendant de longs mois. Ce jour là, mais ce jour là seulement, on s'apercevra qu'à la place du matérialisme brutal, de la cupidité, de la fièvre d'argent des races anglo-saxonnes, dont nous ne cherchons hélas! que trop à nous rapprocher, par besoin et pour soutenir le combat, nous ne trouvons ici que désintéressement, bon cœur, renoncement et poésie. Aux peuples du nord à sourire à leur tour de cette candeur d'âme. Soit! Et pourtant si vous saviez comme on est mieux dans un jardin d'Andalousie, où l'on ne vit guère que de soleil, que dans les fourmilières humaines de Paris, de Londres ou de Manchester!

Et puis, si vous ne venez que dans un coin d'Espagne, vous ne connaîtrez encore rien du coin d'à côté. En quoi les Asturies, par exemple, ressemblent-elles au royaume de Valence? Quel point de rapport entre la Catalogne et l'Andalousie? Et la Corogne n'est-elle pas, moralement, à plus de mille lieues de la Castille? C'est que nous sommes en présence d'anciens royaumes, séparés, distincts par les usages et le langage, réunis par la force des choses, et où l'on assiste à ce spectacle encore assez fréquent, et toujours fait pour étonner un Français, d'un Catalan, d'un Mayorquin, d'un Basque ou d'un habitant de la Galice ne sachant pas un mot de castillan et ne pouvant que difficilement se comprendre les uns les autres.

**

Par les étroites fenêtres du wagon nous entrevoyons le petit jour qui se lève par delà les hautes cîmes des Asturies couvertes de neige. Le train qui nous emporte de Gijón serpente au fond des gorges, passe sous de longs tunnels, côtoie ravins et précipices, puis, lorsque le soleil apparait enfin, dissipant le brouillard au fond de la vallée, voici que nous apercevons, assises sur le pas de leurs portes, les femmes des villages fumant toutes la cigarette pendant qu'elles donnent à têter à leurs enfants. Aux stations, d'autres femmes, vieilles et jeunes, montent dans le train, des enfants sur les bras, et toutes invariablement ont la cigarette aux lèvres. Une province plus loin, et cette coutume scandaliserait fort les braves gens!

Gijón! Encore une ville peu connue, qui, il y a quelque vingt ans, comptait à peine 6,000 habitants, et qui aujourd'hui en compte trente cinq mille! Prospérité entièrement dûe à son mouvement industriel et à son port assez fréquenté. Et de fait, Gijón, avec toutes ses cheminées fumantes, sa verrerie, sa fonderie, ses ateliers de construction, sa fabrique de porcelaine, représente assez bien l'activité humaine, l'effort, le dur labeur. Plus loin, sur la mer infinie, les petites barques se balançant, disparaissant à chaque instant entre deux vagues, exemple de ce que peut le courage, la persévérance, la ténacité en face de la nature déchaînée.

Un jour pourtant, elles ne sortirent pas les petites barques. Le temps était décidément trop gros; car la mer fut littéralement en fureur pendant les huit ou dix jours que je passai à Gijón. Les baigneurs, assez nombreux pendant l'été, en étaient, comme on pense, au désespoir.

La plage ne communique pas avec le port; ce sont pour ainsi dire deux golfes entièrement séparés l'un de l'autre. A gauche, le port; à droite la plage; et entre deux, un promontoire élevé avec un phare. Une de mes grandes distractions, à Gijón, était d'aller m'asseoir sur la falaise, au pied de ce phare. Je n'y étais pas seul du reste. Le panorama que l'on découvre de là-haut est grandiose. En face, la mer à perte de vue. A gauche, un cap. A droite un autre cap. Plus près, à gauche, au fond d'un petit golfe, le port. Plus près, à droite, dans une échancrure de la côte, la plage. Puis, tachetant la mer de points blancs, çà et là, les voiles des bateaux de pêche qui regagnent le port à la nuit tombante. On ne se lasse jamais d'un tel spectacle.

La ville de Gijón, où je me rendis à deux reprises différentes, m'apparut toujours comme l'une des plus civilisées, des plus industrielles, des plus en progrès de toute l'Espagne. Il y a là un désir de s'instruire et de se perfectionner qui n'existe pas dans beaucoup d'autres villes. La vie m'y parut facile et agréable.

Enfin Gijón a son grand homme — en bronze — Jovellanos, philosophe, magistrat, écrivain et homme politique, qui battait son plein au commencement de ce siècle qui finit. Exilé par Godoy, il passa six ou sept ans en captivité dans l'île Mayorque, et revint à temps pour mourir dans sa patrie. Il y laissa, du reste, un Institut qui porte son nom. Reconnaissante, Gijón éleva une statue à cet homme de bien, et, puisque nous parlons de statue, empressons nous de dire que celle ci, toute récente, vaut infiniment mieux que cette autre du roi Pelayo, dans le port, toute bariolée à la base de distiques latins, et dont la valeur artistique ne dépasse guère celle d'un bronze de pendule—voir l'*Arabe et son coursier* ou *Roméo et Juliette,* fabrication de la rue Chapon.

Les paysages alpestres des Asturies s'effacent dans les brumes, et les *gallegos,* ou habitants de la Galice, ont déjà fait leur apparition aux gares. Dans les campagnes sillonnées de chars à bœufs, on entend rouler les rustiques attelages à une lieue à la ronde, tant leurs roues qui ne sont jamais graissées font un bruit strident en marchant. Les habitants, invariablement recouverts d'un manteau troué de laine brune, qui leur donne à tous des airs de mendiants, et coiffés de chapeaux d'auvergnats dont la crasse défie toute description, ont des aspects absolument minables. Quant à la boue qui recouvre totalement le bas des pantalons, elle est probablement chose sacrée, car on n'y touche jamais. Elle y reste. Il n'y a pas à s'y tromper. Nous sommes bien aux portes de la Galice, pays des poux.

Et comme nous étions à ce moment de l'année où les *gallegos* qui sont venus en Castille pour y faire la moisson s'en retournent chez eux, je crus assister à une invasion de sauterelles. Ils s'abattent, en effet, par bandes, vers le 15 mai, puis regagnent la Galice trois mois plus tard, mais ces bandes sont organisées. Il y a des équipes: chaque équipe a son capitaine. Le capitaine seul a traité avec le fermier. Il arrive donc avec son monde: il y a là des hommes de tous âges, et jusqu'à des enfants. Ils mangent à peine, boivent de l'eau, couchent à la belle étoile, sont vêtus d'une façon très approximative. Tous ont des expressions sauvages, bestiales, et pour comble, ces infortunés vont encore devenir l'objet du mépris et de la risée de campagnards qui souvent ne valent pas mieux qu'eux.

Je voulus en interroger quelques uns.

—Combien remportez vous chez vous?

—C'est selon. Les uns quatre-vingts, les autres quatre vingt dix, d'autres enfin, les plus heureux, cent pesetas.

Pas même cent francs! Le travail de trois mois. Et quel travail! Et c'est avec cela que la famille va passer tout l'hiver, là bas. Le mois de mai prochain est encore loin!

Ils sont là, comme des bêtes. Et si un train vient à passer pour les remener dans leur chère Galice, si la portière d'un wagon de troisième classe s'ouvre, ils vont monter là, tous à la file, dix, quinze, vingt, sans se soucier de rien autre. Ils s'y entasseront les uns sur les autres, debout, sans rien dire. C'est un troupeau. Les autres voyageurs ont peur et s'enfuient à leur approche. On redoute les poux, les puces, la gale et tout le reste. Les gens propres se coalisent, se resserrent, se défendent contre ce flot montant. Les insultes, les gros mots pleuvent sur ces malheureux qui ne songent même pas à répondre. Et cependant, j'ai vu un éclair passer dans le cerveau de ces pestiférés: un capucin se trouvait là et allait prendre le même train; impossible de rendre la somme de mépris et de haine contenus dans les regards que ces dépenaillés laissèrent tomber sur le moine, qui, pour se donner une contenance, s'empressa de baisser les yeux sur son bréviaire.

On m'avait toujours parlé de Léon comme d'une vieille, vieille ville, fort curieuse. Je m'arrête donc à Léon, mais je ne vois guère que des bicoques, des masures sales et noires. Je marche surtout sur des pavés excessivement pointus. J'aperçois encore d'antiques tours rondes, couleur de suie, qui encadrent des maisons de même nuance.

On m'avait dit encore: «Oh! monsieur, la Cathédrale de Léon, quel chef d'œuvre! *Sevilla en grandeza, Toledo en riqueza, Compostela en fortaleza, León en sotileza*» —Dicton fort connu sur les cathédrales d'Espagne, et que l'on peut traduire par à peu près, ainsi:

> A Séville la majesté,
> mais à Tolède la richesse;
> Compostèle... une forteresse,
> Léon... une subtilité.

Je cherche donc partout la Cathédrale. Une Cathédrale, s. v. p.? Je tombe dans un chantier de construction. Une rangée de palissades, avec des écriteaux: «Défense d'entrer.» Je passe outre, et je ne trouve absolument de cette Cathédrale tant vantée que le gros-œuvre, la carcasse; pas de toiture, pas de vitraux. On scie, on sculpte, on rabote. Tout ce que je puis dire c'est que le style est du plus pur gothique, que les arcs en ogive sont fort beaux, mais on m'assure qu'il est nécessaire de repasser dans quarante ans, si je veux juger de l'ensemble, car on estime qu'il faudra au moins ce temps là pour achever les travaux en cours.

Je quitte immédiatement l'affreux Léon, où décidement il n'y a rien à voir, et je bats en retraite sur Palencia, où l'on m'avait signalé les lits ultramoëlleux de l'hôtel de l'Europe comme les seuls de leur genre dans toute l'Espagne! Et le fait est que ces matelas de plume ne sont pas sans faire une heureuse diversion sur l'esprit du voyageur accoutumé depuis de longs mois aux matelas en zinc.

Mais voyez encore une fois le machiavélisme ou de l'hôtelier, ou de la compagnie des chemins de fer — peut être les deux s'entendent-ils;— il faut s'arracher de ce nid moelleux à des heures matinales insensées, à trois heures et demie ou à quatre heures, les seuls trains possibles partant avant le jour, de telle sorte que cette oasis dans le désert ne vous apparait plus de loin que comme une ironie absolument amère et décevante.

Toutefois ce que je ne saurai trop répéter sur tous les tons, c'est que l'on néglige trop Palencia, où l'on trouve une cathédrale qui, pour manquer de coup d'œil extérieur, n'en est pas moins intérieurement un des plus purs joyaux artistiques de toute l'Espagne. Artistes, brûlez Léon, mais, de grâce, arrêtez vous à Palencia!

Vue du dehors, une masse de pierres, sans grâce ni sans formes, avec un gros clocher carré. Il est même impossible d'en faire le tour, car elle est accolée à des masures. Mais une fois la porte poussée, le visiteur reste littéralement plongé dans l'extase. D'architecture gothique, la cathédrale se compose de trois nefs. Partout d'immenses tapisseries sont suspendues; partout aussi des tableaux de maîtres. A chaque pas des tombeaux ornés de riches sculptures; quant à celles qui enserrent le chœur elles sont tout simplement merveilleuses. Une vieille grille entre deux colonnes donne accès à un caveau où vécut, dit-on, Saint Antolin.

Chacune des chapelles—et elles sont nombreuses—est un musée complet. Emilio Castelar, après une visite à Palencia, disait qu'il fallait bien cinq ou six jours pour voir cette cathédrale, et sans pouvoir s'en fatiguer. Il est certain que les grandes tapisseries à personnages demanderaient seules un temps infini si l'on voulait les examiner de près. Puis, derrière le maître-autel, voici encore comme une autre église dans l'église. Et l'on ne sait vraiment plus ce qu'il faut le plus admirer de ces sculptures sur bois, de ces vieux coffres, des tapisseries, des peintures, des balcons de pierre sculptés à jour! Là haut, suspendu au dessus de notre tête, le cercueil en verre d'une Reine de Navarre, momifiée, revêtue de ses riches habits; tout autour de nous des panthéons de nobles, de chanoines, d'évêques: partout l'écusson de Navarre, à trois fleurs de lys.

Il y a aussi, dans le transept, près de la galerie, un tableau avec personnages en relief dont la signification vous échappe au premier abord, et qui n'est pas sans vous intriguer quelque peu: au centre, le buste d'un nègre avec un énorme chapeau de livrée sur la tête, s'avance, dans la position de quelqu'un qui regarde à la fenêtre. Au dessus de sa tête, deux cloches inégales. Puis, de chaque côté de ce nègre, qui semble avoir été placé là pour servir de réclame pour quelque marque de cirage, deux figures en bois sculpté également: à droite un guerrier avec un bouclier, à gauche un lion.

Cherchez l'énigme.

Il s'agit tout simplement d'une vieille horloge: le lion frappe les quarts, le guerrier frappe les heures, et à chaque coup, le maure ouvre une large bouche et la referme.

Salut au passage, Burgos triste et froide, épave des splendeurs passées, dont la cathédrale, merveille des merveilles, quoique d'un style un peu ampoulé, appartient à l'histoire du monde; salut encore Valladolid aux rues larges et droites, monotones et mélancoliques, où l'on ne peut s'empêcher de penser à Colomb qui y mourut. — De vous aussi je ne dirai rien puisque vous avez été décrites partout. Mais je m'arrêterai plutôt à

Ségovie qui est une ville morte, c'est vrai, mais aussi l'une des plus curieuses de l'Espagne, et bien peu connue des voyageurs qui aiment mieux aller tout d'une traite jusqu'à Madrid.

La gare de Ségovie se trouve à une distance considérable de la ville, au milieu de la plaine. La ville, bâtie sur un rocher, émerge à deux ou trois kilomètres de là. On monte donc dans un omnibus, et cet omnibus vous fait traverser tout d'abord un vilain faubourg caillouteux. Tout à coup, on débouche sous l'aqueduc romain, haut de trente trois mètres en cet endroit. L'impression est grandiose; mais je veux y revenir un peu plus loin.

Par des pentes assez roides, ménagées sur les flancs du mamelon où se trouve la vieille cité, l'omnibus vous amène dans une série d'affreuses rues tortueuses, pour arriver enfin sur une place à arcades: l'hôtel est là, c'est à dire le seul hôtel de la localité, où vous chercheriez en vain les splendeurs des beaux temps bien passés.

Un monsieur, assis au coin d'un petit poêle, dans la salle à manger—il fait toujours froid sur ces pentes du Guadarrama—dévore un roman... d'Armand Sylvestre, en attendant le déjeuner. Je ne m'attendais guère à rencontrer les œuvres d'Armand Sylvestre à Ségovie. Ce monsieur doit être un français à n'en pas douter. Effectivement, c'est un négociant, en draps, je crois, voyageant pour ses affaires, et comme ce jour là est un dimanche, nous projetons d'aller visiter la ville de compagnie.

La sensation d'un décor d'Opéra: le château d'Elseneur projeté sur une toile de fond. Vieux murs crènelés, l'Alcazar incendié en 1862, puis remis à neuf à grands frais pour y installer un musée militaire, et d'un aspect aussi imposant, sur sa hauteur, que notre château de Pierrefonds.

Nous visitons la cathédrale, style gothique fleuri, très vaste, très belle, très claire. Toute la plate-forme qui la précède se compose de pierres tombales des XVIe et XVIIe siècles principalement. Dans les rues enchevêtrées et mal pavées, ce ne sont que restes de palais blasonnés, qui, avec leurs lourdes grilles de fer, ressemblent fort à des prisons. Débris de cloîtres, églises en ruines. Ici, la maison de Jean Bravo décapité à Tolède, petite maison curieuse du XVe siècle. L'immeuble précisément est à louer. Des ecclésiastiques nombreux, drapés dans de vastes *capas* noires glissent sans bruit le long des murs. Impression de ville prise d'assaut et incendiée.

Nous faisons le tour de la ville, ou à peu près. Une bonne partie des remparts est taillée dans le roc. Près de nous les cimes du Guadarrama couvertes de neige. De petits ruisseaux courent dans la plaine, à l'ombre de beaux rideaux de peupliers. Enfin, dominant tout le pittoresque du paysage, sévère et imposant dans sa force muette, le grand aqueduc romain déroulant ses cent dix neuf arches sur une longueur de près d'un kilomètre, rejoignant deux montagnes, et ayant rempli pendant près de vingt siècles, sans s'interrompre un seul jour, la mission qui lui a été confiée. Construction gigantesque et fantastique, datant, croit-on, du règne de Tibère, la plus belle de toutes celles en ce genre que nous ait léguées l'antiquité.

A l'endroit où l'aqueduc atteint sa plus grande hauteur, le pilier est plus large et renferme deux niches: l'une contenait la statue d'Hercule, mais l'image païenne fut remplacée au xvie siècle par la statue de la Vierge; dans l'autre niche, une statue en bois pourri qui n'a plus qu'une jambe. Le peuple dit que c'est «le diable». Il ne faut pas le contrarier.

*
* *

Mon compagnon de voyage — remercions le hasard — est bien aimable, mais il vous raconte des histoires à dormir debout que l'on est forcé d'avaler.

—Oui, monsieur, j'ai connu un voyageur — dans les draps, précisément — qui avait une tournée si longue, si longue, que sa maison restait quelquefois trois et quatre mois sans recevoir de ses nouvelles.

—Avant l'invention du télégraphe, alors?

—Non, monsieur, de nos jours. Il allait en caravane.

—Vendre des pantalons aux sauvages.

—Enfin, plus fort que ça. Une fois, on fut neuf mois sans savoir ce qu'il était devenu.

—Neuf mois?... Il avait fait naufrage dans une île déserte, alors. C'était le Robinson de la draperie.

—Rien de tout ça.

—C'est effrayant ce que vous me dites là.

—Savez-vous ce qu'il était devenu?

—Je vous avoue que je n'en ai pas la moindre idée.

—On avait télégraphié partout, naturellement, et l'on avait perdu les traces de son passage. Enfin, le voilà qui arrive...

—Où ça?

—A Paris, chez son patron. Il était maigre, jaune, sec... comme votre canne.

—Au bout de neuf mois?

—Au bout de neuf mois. Son patron lui demande d'où il venait...

—Je comprends ça.

—Eh! bien, savez vous ce qui lui était arrivé?

—Je vous ai déjà dit...

—Piqué par un serpent, monsieur! Ou plutôt non, entortillé par un serpent pendant le sommeil.

—Le sommeil du serpent?

—Non, son sommeil, à lui. Et tout ça dans un lit d'hôtel.

—Voilà un hôtel bien mal tenu.

—Il n'avait pas bougé, et le serpent était parti. Mais il avait eu une telle révolution que pendant six mois il eut le délire.

—Je comprends tout le reste, tout... jusqu'à la canne.

—Eh! bien, monsieur, ce matin-là, je ne sais pas comment il avait fait son compte. Il revenait les mains pleines de commissions.

—C'était un serpent porte-bonheur.

—Ah! Il y en a «d'épatants» dans la draperie!

—Je vous quitte. Bonsoir. Et Ségovie aussi. A la prochaine!

Et de fait je laissai Ségovie à dix heures du soir, par une pluie torrentielle, un mardi.

IMPRESSIONS PREMIÈRES D'ANDALOUSIE

Départ de Madrid.—La Manche.—Coucher de soleil.—Arrivée à Séville.—Les *Carmens* et les *patios*.—La *calle* de las Sierpes.—Indifférence orientale.—Les journaux.—La beauté et l'aplomb des sévillanes.—La manufacture des tabacs.—Un pélerinage dans un wagon.—Jerez.—Les grilles et les stores.—Monotonie des soirées.—Les exportateurs de vins —Habitudes anglaises.—Aspect de la ville.—Les vignes.—Le petit âne andalou.—La *Chartreuse* de Jerez.—Les vins de Jerez.—Différentes remarques.—La poësie partout.

Je n'ai point découvert l'Andalousie, c'est certain. La Giralda, l'Alcazar, la Cathédrale, les processions de la Semaine Sainte, la foire de Séville, la beauté des femmes, les jardins pleins de roses et les vignes de Jerez ont été célébrés sur tous les tons. Mais qu'il nous soit permis de retracer ici en quelques lignes les impressions toutes fraîches d'un voyageur arrivant sur les bords du Guadalquivir pour la première fois—terre bénie de l'Andalousie que j'ai parcourue en tous sens pendant sept mois, et dont je ne me suis séparé qu'avec les larmes dans les yeux! Séville, Cordoue, Grenade, trinité mauresque! mots magiques! Que pouvez-vous donc signifier? Telle est du moins la pensée qui s'impose à celui que le train emporte d'une marche prudente et mesurée loin de Madrid.

Oh! cette campagne de Madrid; des mamelons incultes dont la couleur se rapproche souvent de celle de la cendre de cigare; partout la désolation du désert, Aranjuez, une oasis; après, la Manche. Je peindrai la Manche d'un seul mot: le Champ de Mars avant une Exposition. Et le train qui nous conduit ne s'y promène environ que neuf heures! De ci, de là, quelques moulins à vent. Cela fait penser à Don Quichotte. C'est même probablement pour cela qu'on les aura laissés là. Voici Valdepeñas, célèbre par son vin. Le village, vu de la station, semble maussade. Enfin, à la nuit tombante, l'heure préférée de Loti,—à tel point que cet enchanteur ne semble jamais se soucier des autres temps de la journée,—nous entrons en Andalousie. L'aspect du terrain change. A la plaine monotone succède une série de monticules couleur *lie-de-vin*. Ceci peut paraître invraisemblable, et cependant rien de plus rigoureusement exact.

Le coucher du soleil est merveilleux: l'atmosphère, dans cette région, prend une diaphanéité extraordinaire; le ciel a des bleus tendres, des verts clairs, des teintes gorge de pigeon, insaisissables, inouies. On s'endort sur ces visions d'aurore boréale. A une heure du matin, grand branle-bas. Nous sommes dans la gare de Cordoue, une gare assez belle, très longue, où il fait chaud comme dans un four. Un homme est là qui vend du raisin. J'en demande pour dix centimes. Il m'en donne tant et tant, que mes mains ne sont pas assez grandes pour le porter jusqu'au wagon.

Je me réveille au petit jour: nous approchons. Sur notre route ce ne sont qu'aloès gigantesques et cactus aux proportions colossales. On s'arrête à un embranchement, on repart, et enfin nous y sommes: Séville! La gare est petite, vieille et malpropre. Je veux entrer en ville, à pied, pour mieux voir. Mais une idée m'obsède: c'est que la renommée de Séville, comme tant d'autres, doit être surfaite. Nous verrons bien.

En attendant que j'arrête un appartement je me fais conduire par un commissionnaire dans une *casa de huéspedes,* sorte d'hôtel meublé fort à la mode en Espagne. Nous suivons un dédale de petites rues sans trottoirs, dallées, et dont toutes les maisons sont blanchies à la chaux. Quelques unes sont peintes en rose ou en vert tendre. Chaque maison, fermée par une grille artistique, de style arabe le plus souvent, laisse apercevoir un *patio,* ou cour intérieure, avec jet d'eau, plantes tropicales, tableaux de maitres, débordement de fleurs.

Nous nous arrêtons sur une place minuscule, pénétrons dans une maison fort proprette, au centre de laquelle se trouve une cour mauresque à ciel ouvert. Le couvert est dressé sous les arcades. C'est là que je logerai provisoirement.

Mais j'ai hâte de voir la ville: je commence par me perdre. Et cependant, hâtons nous de le dire: gloire à Séville! Séville est la seule cité d'Espagne qui ait inscrit le nom de toutes ses rues sur les maisons. Je cherche le Guadalquivir, car le seul moyen de se guider dans une ville qui possède un fleuve est encore de le prendre comme point de repère; un grand pont de fer à trois arches; au delà du pont un faubourg: Triana. Sur le pont des groupes de femmes passent. Elles ont des châles de soie blancs, rouges, multicolores, des fleurs naturelles dans les cheveux, des éventails à la main, l'air provoquant. Enfin voilà donc un coin de l'Espagne telle que nous l'a fait voir Fortuny! Convenons qu'il faut venir le chercher un peu loin.

Et cette vision, qui inspira Méry et après lui Bizet, nous allons la retrouver à présent à chaque pas: Carmen se dandinant d'une façon toute particulière en se drapant dans un châle aux couleurs éclatantes, la fleur immuable piquée aux cheveux. Dans le fond du décor la tour de la Giralda qui nous attire et nous fascine, l'immense édifice de la cathédrale, aux toits confus, le faîte de la plaza des toros qui est tout près; sur le bord de l'eau la Tour d'or, tandis que les portes toutes grandes ouvertes des maisons nous laissent entrevoir les frais *patios* où l'eau retombe dans les vasques, et d'où s'échappent des bruits de guitare. Un rêve des mille et une nuits entrevu, avec la sensation d'un soleil de feu sur la tête.

Mais à cette heure brûlante du jour des *velariums* se sont tendus d'une maison à l'autre dans toute la largeur de la rue; toutes les voies principales ou marchandes, fort étroites et dallées, ont été interdites aux voitures au moyen de gros piliers, entre lesquels circulent les seuls piétons; la rue ressemble alors à un passage plein d'ombre, et c'est toute une vie nouvelle et charmante qui commence. Dans les cercles, dans les cafés bien aérés, les habitués—la plupart sans cravate, et coiffés d'un chapeau de feutre à très larges bords plats—devisent jusqu'à une heure avancée de la nuit. Les *toreros* avec leurs chemises de fine batiste, leurs boutons de diamant d'une grosseur démesurée, et leurs petits vestes andalouses, trônent en maîtres dans la calle de las Sierpes.

Huit jours pleins à Séville, et les impressions premières sont demeurées ce qu'elles étaient. Seulement sous le rapport de la vie moderne, ça manque un peu... beaucoup de tout. Séville est restée la ville arabe. Le commerce y est à l'état de commerce égyptien ou turc. A l'exception de deux ou trois grands établissements très connus, l'industrie, telle que nous la comprenons de nos jours, n'y existe pas. On s'y laisse vivre sans penser à rien, le temps n'a aucune valeur, et les heures y sont aussi déréglées que le temps. Tel déjeune à 9, 10, 11 heures ou midi, soupe à 5, 6, 7 ou 8 heures. Chacun agit selon sa fantaisie. Les rares journaux qui se publient

—et quels journaux!—ne font guère leur apparition qu'après huit heures du soir, de telle sorte que, pour les nouvelles de la ville, on est renseigné un jour et demi, et pour celles de Madrid, deux jours et demi seulement après les événements accomplis. Les dimanches et les jours de fête les boutiques où l'on vend les journaux sont fermées. C'est encore plus expéditif. Une belle indifférence orientale règne partout.

Et l'andalouse? La fameuse andalouse que Musset avait vue «dans Barcelone» à la façon sans doute des turcs que l'on rencontre à la foire de Neuilly.

Eh! bien, oui, l'andalouse est belle, mais quand bien même elle ne le serait pas, elle croit l'être, elle le sait, on le lui a dit sur tous les tons, et cette conviction lui donne une assurance extraordinaire qui la fait paraître fort agréable encore; mais, de grâce, ne lui retirez ni son châle, ni son éventail, ni sa fleur.

«Je suis venu à Séville
pour voir les sévillanes»

me chantait un jour, et à mon nez, une andalouse assise en face de moi dans le wagon qui m'emmenait à Cadix. Voilà les refrains avec lesquels on les berce. Le monde entier accourt pour les voir, et dans leur façon de se redresser et de dire: «Regardez-nous» l'aplomb, chez quelques unes, frise de bien près l'effronterie. Mais le poëte José Zorrilla n'a-t-il pas dit, en parlant de Séville:

> *Y no hay cien mujeres feas*
> *entre tus cien mil mujeres...*

«Et il n'y a pas cent femmes laides entre tes cent mille femmes»?

Si vous voulez en voir de tous les genres, allez assister à la sortie des cigarières de la manufacture des Tabacs; là, il y en a quatre mille cinq cents. Vous en verrez des vieilles, des laides, des pauvres, des mal mises, des gentilles, des piquantes, des souverainement belles; beaucoup enceintes, beaucoup aussi avec des marmots sur les bras, et enfin tout un lot des franches coquettes—des Carmens—avec des châles blancs en crêpe de Chine, la figure maladroitement barbouillée de poudre de riz, et se déhanchant tout en jouant de l'éventail.

La première fois que je m'absentai de Séville, pour me rendre à Jerez, je pris, sans le savoir, un train qui emmenait une *romería*, un pélerinage. Quelle gaité bruyante, exubérante! Assurément beaucoup de ces femmes que l'on regarde passer triomphantes dans la rue perdent beaucoup à être vues d'un peu trop près. Rien de la douceur d'une Agnès: beaucoup de madames Sans-gêne, au contraire. Le train se met en marche au milieu de jardins pleins de fleurs. Et quels jardins! Les femmes chantent en chœur en frappant en cadence dans leurs mains. Elles se désolent de ne pas pouvoir danser dans le wagon. Et tout ce monde rie, crie, gesticule.

A Utrera, lieu du pélerinage, toute la bande joyeuse descend.

Nous traversons encore de vastes plaines où les taureaux paissent en liberté, où les chevaux à l'état libre vont par troupeaux. Enfin, voici les vignes de Jerez, bordées de cactus à longues épines, les toits interminables des chais, la ville éblouissante de blancheur.

L'hôtel où je suis descendu—le seul de Jerez, j'imagine, qui cependant compte soixante deux mille habitants—est un hôtel modeste, mais coquet, discret et plein d'ombre. On m'a donné une chambre au premier, sur le *patio*. Par ma fenêtre entr'ouverte j'entrevois la galerie intérieure et toutes les murailles garnies de tableaux et de bonnes copies.

Nulle part, en Espagne, on ne s'enferme ni l'on ne se verrouille autant qu'à Jerez. Outre la porte d'entrée à gros clous de fer, bien fermée, munie d'un judas, outre la grille à jour du *patio* prudemment close, toutes les fenêtres qui viennent presque au ras du sol ont des barreaux énormes qui les font ressembler à des cages d'animaux féroces; puis, derrière cette grille, un grillage, et derrière ce grillage, un store. Enfin, à droite et à gauche de ces barreaux, des échancrures sont pratiquées dans la maçonnerie afin que les regards puissent plonger à droite et à gauche; quelque chose comme les embrasures d'un bastion. Or, j'ai cru remarquer que la grande occupation de ces prisonniers volontaires consistait à s'embusquer derrière ces grilles, grillages et stores, et à regarder furtivement par ces ouvertures de la muraille les gens qui passent. Grand bien leur fasse!

Je remarque à Jerez des casinos superbes, des rues très propres, une vieille enceinte fortifiée avec des tours carrées et crénelées, et sur la place Alphonse XII, des palmiers gigantesques, mais fort minces. On m'assure que ces palmiers, qui ont pour le moins un siècle ou deux, sont les plus élevés de toute l'Espagne. Leur faîte atteint certainement la hauteur d'une maison à quatre étages.

C'est sur cette place, le soir, que la population se groupe, silencieuse; les cercles privés ont tué les cafés, et il n'y a pas un seul grand établissement public à Jerez. Pour l'étranger, il n'y a pas à se le dissimuler, c'est la monotonie, l'ennui profond.

*
* *

Les jours s'écoulent donc à Jerez, mais se ressemblent; les maisons sont toujours aussi blanches, les palmiers sont toujours aussi hauts. Les gros propriétaires de vignes, les grands exportateurs de vins vivent chez eux comme des princes; certains d'entre eux se sont même fait gratifier de titres, tels que duc, comte, gentilhomme. Ils sont très riches, voilà le plus clair. Mais comme la source de cette richesse est en Angleterre, la plupart passent une bonne partie de leur temps à Londres, et les habitudes, à Jerez, s'en ressentent profondément.

C'est ainsi que je note:

L'heure du déjeuner à 9 heures $1/2$ le matin.

L'heure des affaires de 10 heures à 5 heures sans désemparer.

L'installation anglaise des comptoirs.

Un hippodrome pour les courses de chevaux.

Des parcs anglais—les premiers que j'aie vus en Espagne.

Des tentatives de squares sur les places publiques.

Des institutrices anglaises pour les enfants.

Les cercles fermés aux étrangers, sans présentation, bien entendu—contrairement à l'usage espagnol qui met le casino à la disposition du voyageur.

Le double aspect de Jerez—le jour, la nuit —est donc bien facile à saisir. Le jour: soleil brûlant, ciel très bleu, maisons très blanches, les exportateurs de vins au frais dans leurs caves, les fenêtres fermées et les portes clôturées. Le soir, le peuple massé par groupes—tels les maçons à la Grève;—les femmes assises solitaires derrière les barreaux de leurs cages; les hommes au cercle ou dans la rue. Et ces ruelles sombres avec leurs fenêtres grillées, leurs portes closes, leurs becs de gaz discrets brûlant à l'intérieur des vestibules, derrière des carreaux de couleur, ces silhouettes entrevues de femmes dans l'ombre, nous donnent à chaque pas l'impression très exacte d'une rue mal famée dans une ville de garnison.

* * *

Ce matin, par un temps légèrement menaçant, le soleil caché par de gros nuages, je me suis mis en route pour la *Cartuja,* la Chartreuse de Jerez, située sur les bords du Guadalete. Le chemin est charmant, dans les vignes. Des cactus à longues épines bordent les deux côtés de la route, s'élèvent à cinq et six mètres au dessus du sol, et servent de murs de clôture. Toutes ces propriétés sont entretenues aussi bien qu'un parc royal; de belles avenues cailloutées conduisent à de petites maisons blanches dont le nom sert à baptiser le vignoble: maison de *recreo* pour le propriétaire, maison d'habitation pour le gardien que l'on voit se promener fusil au poing. Ici et là de petits *miradores* ou observatoires, cahutes construites en paillassons et juchées au haut de quatre grandes perches, au milieu des vignes. Là dedans, le gardien fait le guet, avec son escopette, toujours, et malheur aux pauvres petits oiseaux qui auraient la mauvaise idée de s'aventurer dans ces parages. J'en aperçois cependant quelques uns, le plumage du ventre d'un jaune sale. Comme j'ai envie de leur crier de prendre garde aux miradors!

Je chemine toujours dans un terrain sablonneux; à droite, à gauche, par les échappées entre les cactus, les vignes vertes se déroulent à perte de vue, ponctuées çà et là par les petites maisons d'un blanc criard. Sur la route, de petits ânes en file, suivis d'un gars muni d'un solide bâton. C'est la vendange qui commence, et ces modestes *borricos* vont rapporter dans leurs calebasses de sparterie le raisin frais attendu au pressoir.

Le petit âne andalou, muet, docile, résigné, apte à toutes les besognes, obéissant toujours, ne se rebiffant jamais, me fait l'effet d'un saint ou d'un martyr.

Pauvre petit âne! Il va, la tête penchée, suivant d'instinct la sonnette que porte au cou son chef de file. Et que de choses variées on lui met sur le dos! Tantôt ce sont des melons, des pastèques, des raisins, du charbon, et alors il trottine doucement dans le dédale des petites rues, sous l'œil vigilant de son maître qui se trouve être quelque marchand ambulant: «*Melones*, carbôôôn!» Et tandis que le patron dresse le nez en l'air pour accourir aux appels de ses clientes qui soulèvent faiblement leurs jalousies sur son passage, le petit âne s'arrête machinalement à chaque pas de porte, s'intéressant à la vente, lui aussi, puisque chaque vente le décharge et l'allège d'autant.

Tantôt, il est enrégimenté et marche par escouades. C'est pour aller aux vignes, là bas, bien loin, sous un soleil de feu. Adieu les ruelles pleines d'ombre et de mystère, le cliquetis des jalousies qui annonce au petit âne que la vente va bien et que le repos est proche. Il va falloir trotter sans trève, courir de la vigne au pressoir, du pressoir à la vigne, car le patron est payé à tant par voyage; gare aux coups de trique réservés aux retardataires! Bien heureux encore si le maître autorise un arrêt à la fontaine, sous les eucalyptus, où coule lentement un joli filet d'eau fraîche nuit et jour.

Livré à lui-même, le petit âne est taquiné par les enfants qui lui tirent la queue, le piquent, l'asticotent de mille manières. Sous le joug, c'est un esclave endurant et passif. Mais que ce soit à la campagne ou à la ville, partout il est mal nourri, mal soigné. Un âne! Est ce que cela compte! Et ça mange par-dessus le marché.

J'en suivais un, hier, sous la conduite d'un

gamin de sept à huit ans. Le gamin s'amusait à le mettre en marche: *Anda!* (marche!) lui criait-il. Le petit âne marchait. Deux pas plus loin: « Quieto! » (Tiens-toi tranquille!) et l'animal s'arrêtait. Ce manège s'est renouvelé devant moi plus de vingt fois. Il est vrai que l'enfant ne faisait aucun mal à son bourricot, et que, comme récompense sans doute, il le mena ensuite se rafraîchir. N'importe, cet âne actif, rangé, sobre, passif, agacé par les mouches qui le dévorent quand il n'est pas maltraité par les hommes, me fait toujours l'effet d'avoir lu quelque part — tout âne qu'il est — cette maxime sublime de Loyola: « Agissons toujours comme si nous pouvions tout; subissons toujours tout comme si nous ne pouvions rien. »

Ce que j'avais lu dans les *guides* au sujet de la *Chartreuse* de Jerez m'avait quelque peu refroidi: « monument dont on a exagéré l'importance, etc » Et cependant, n'en déplaise aux faiseurs de *guides* en chambre, c'est encore la curiosité la plus artistique de toute la province de Cadix.

Le site est délicieux, inutile de le répéter. Au bas de la colline couverte de vignes par laquelle on arrive du côté de Jerez, voici le Guadalete qui serpente dans la plaine pareil à un ruban d'argent. C'est à cet endroit exact que se livra la fameuse bataille du Guadalete qui servit aux maures à détruire en Espagne l'empire des goths, et à y substituer le leur.

Pas très large, le Guadalete, mais il y a de l'eau, et de la part d'un fleuve d'Espagne c'est là une bien jolie attention. Enfin, devant nous, la *Cartuja* qui ne peut s'apercevoir qu'à très courte distance. Toutes les dépendances en sont occupées actuellement par un haras de l'Etat.

D'abord, un premier portail monumental. On traverse une cour où l'herbe pousse entre les dalles, et l'on a devant soi la façade de l'Eglise, style Renaissance. Je pénètre à l'intérieur, et le concierge qui m'accompagne s'empresse de me dire que je puis me couvrir car l'église est en ruines, abandonnée depuis longtemps. Au milieu de l'église un mur, percé d'une porte, indique encore la démarcation entre les Pères et les laïcs. Une grille en fer forgé d'une beauté incomparable, des sculptures sur bois, Adam et Eve, groupe très remarquable, le chœur privé de ses statues; partout des traces de dévastation; statues décapitées, autels de marbre et de mosaïque profanés, bénitiers brisés. Tout ce vandalisme remonte à l'année 1835, parait-il, date de l'expulsion des Pères. Au centre de l'Eglise, la dalle funéraire du fondateur (xve siècle) avec son effigie presque effacée, mais pas assez pourtant pour ne pas voir qu'il est armé de pied en cap.

Le cloître, attenant à l'église, est tout simplement une merveille du style ogival fleuri. Enfin, le grand cloître des moines avec ses vingt neuf cellules; au centre l'herbe pousse, haute et drue, sur les tombes abandonnées.

Je suis entré dans une de ces cellules aujourd'hui désertes: oratoire, salle à manger, chambre à coucher, grenier, et atelier donnant sur le jardin. Et au bout de ce petit jardin plein d'ombre et de fraicheur, un belvédère, où l'on monte ainsi que dans une chaire à prêcher. Devant nous la plaine immense, les vignes ondoyantes, et là-bas, au fond, la cathédrale de Cadix.

—Ma foi, disais-je au concierge, seule personne dans le sein de laquelle je pouvais m'épancher, ces gens là étaient fort heureux. Aucun tracas, aucun souci! Se laisser vivre et cultiver son jardin, n'est-ce pas le rêve du sage?

—Sans compter, ajouta mon guide, que

toutes ces terres que vous voyez là étaient leur propriété, car les chartreux étaient à la fois laboureurs et agriculteurs. Cette maison que vous voyez là-bas était leur maison de campagne. Quant à la faim elle était inconnue dans le pays, car les malheureux avaient toujours ici table ouverte.

Comment quitter Jerez sans parler de ses vins, d'autant plus que je viens de passer encore une journée tout entière dans les vignes, au célèbre crû du *Macharnudo*, à une lieue à peine de Jerez, où l'on m'a conduit dans une voiture fermée, par crainte du soleil et de la poussière. Nous sommes en pleines vendanges: dans le *lagar*, des hommes chaussés de souliers à gros clous écrasent le raisin, tandis que d'autres viennent en file pour déposer le contenu du panier qu'ils portent sur la tête, sur des sparteries où le raisin va rester exposé au soleil. Et nous mordons à même aux grappes vermeilles, dorées et luisantes, incomparables!

Les vins de Jerez,—vins de Xérès en France et de Sherry en Angleterre—sont à l'état nature des vins blancs, secs, d'une odeur agréable et parfumée. Ils s'appellent, suivant les cas, *Amontillado, Manzanilla,* de *Pasto, Oloroso, Amoroso* et *Montilla.* Combinés avec un vin doux la plupart de ces vins deviennent le *Madère de Jerez.*

Les vins doux obtenus par l'exposition sur le sol des raisins, auxquels le soleil enlève la partie aqueuse pour ne laisser que la partie sucrée, sont, à leur tour, le *Pedro Jimenez*, le *Moscatel*, le *Tintilla de Rota,* le *Pajarete*, le *Malaga,* et cent autres. Seulement tous ces vins, pour supporter l'exportation, sont remontés avec de l'eau-de-vie, dans une proportion de 2 pour 100. Enfin l'on distingue encore le Jerez sec paille, or, et or foncé. L'*Amontillado* est d'une saveur plus sèche et plus délicate, rappelant le goût des noisettes ou des amandes; le *Moscatel* s'obtient avec du raisin muscat; le *Pedro Jimenez* avec du raisin qui reste exposé au soleil pendant dix à douze jours, mais sa couleur est moins foncée que celle du moscatel dont nous parlions un peu plus haut.

La fermentation dans la *bota*, ou pipe, dure toujours environ trois mois; mais le véritable Jerez peut se conserver indéfiniment, la couleur des vins doux devenant seulement de plus en plus foncée à mesure qu'ils vieillissent, ce qui est le contraire de nos vins qui se dépouillent avec le temps.

Nous laisserons donc Jerez, mais non sans avoir noté encore sur une page de notre carnet ce qui suit:

—Le raisin s'achète au poids; on vendange le raisin noir avant le lever du soleil; sans cette précaution il serait trop sucré.

—Tout autour des *bodegas* les gardes particuliers veillent nuit et jour escopette au poing.

—Quand il fait chaud pendant la vendange le vin augmente encore en degrés.

—Le degré du véritable Jerez varie entre 13 et 14.

—Les cigognes se promènent en liberté au milieu des rues et font leurs nids sur les toits des églises et des maisons.

—Tous les aveugles vendent des billets de loterie dans les rues.

—Les sergents de ville ont des chapeaux melons en feutre avec une cocarde, un veston ouvert, et un sabre de sergent-major. Mais cela n'est que banal: ils sont en *boutique*, comme les savetiers, et chaque boutique, qu'il ne faut pas confondre avec un poste, porte un numéro d'ordre. Bizarre! pourrez-vous dire. Que non pas. Ayez besoin dans une autre ville d'un agent: il est partout et nulle part, mais en tout cas jamais où sa présence est nécessaire. A Jerez, on n'a qu'à se rendre à sa boutique, comme on va chez le pharmacien.

—Les *serenos* ont des mac-ferlanes (pas anglais du tout).

—Les gens «comme il faut» louent un magasin dans la calle larga, y installent un divan, quelques chaises, laissent la porte ouverte, et vont s'asseoir là le soir. Cela doit s'appeler un cercle; traduction libre: «boîte à potins».

—Enfin je demeure rue des Oranges, et le patron de l'hôtel, pour de pas offusquer ses clients, a appelé le petit endroit «Jardin». Dites à présent qu'Andalousie ne rime pas avec poësie! Je m'en étais toujours douté.

PALOS — HUELVA — LA RABIDA

Départ de Séville.—Le Rio Tinto.—Les mines de cuivre.—La baie de Huelva et le fleuve empoisonné.—L'hôtel Colon.—Le port de Palos et le Couvent de la Rabida.—Traversée de la baie.—La chasse à la *gaviota*.—L'ancien jardin des Franciscains.—La Croix de Colomb.—Le cloitre.—La prière à la Vierge le 3 août 1492.—La chambre de Colomb.—Le Musée.—Retour à Huelva.—Le père Juan.

Palos! Huelva! La Rabida! Autant de noms que l'on va répétant de bouche en bouche, et dont bien peu se font une idée exacte dans le présent.

Qu'est-ce donc aujourd'hui que Palos, ce petit port d'où Colomb partit à la découverte du Nouveau Monde? Et ce fameux couvent de la Rabida où il reçut aide et protection? Combien l'ont visité? Et en dépit de son renom, combien iront le visiter? C'est si loin, et surtout c'est si peu commode pour s'y rendre!

Ce matin, j'ai quitté Séville à la première heure pour Huelva. Nous traversons des champs bien cultivés, de petites forêts de chênes-lièges. Depuis la Palma jusqu'à la mer, ce ne sont absolument que des vignes dont le petit vin blanc s'exporte en France par le port de Huelva. Nous franchissons le Rio Tinto qui roule des flots d'une teinte d'ocre foncée, entre deux rives couleur brique; enfin nous arrivons vers onze heures du matin à Huelva.

Huelva, il y a quelques années encore, était un petit port sans importance; les Anglais qui vinrent exploiter les mines de cuivre de la province, et principalement celles du Rio Tinto et de Tharsis, ont absolument transformé la région.

Des chemins de fer spéciaux, propriété des Compagnies de mines, furent construits pour relier les mines de cuivre avec Huelva. De telle sorte que Huelva, petite ville presque inconnue jusqu'alors, prit tout à coup une importance extraordinaire par suite de l'exploitation des mines avoisinantes. Un immense môle de fer, qui a coûté, m'a-t-on dit, la bagatelle de vingt-deux millions de francs, fut construit par les soins de la Compagnie du Rio Tinto pour faciliter le chargement des minerais directement sur les vapeurs qui ne peuvent toucher, en aucun endroit, le rivage.

Huelva ne se trouve pas en effet sur l'Océan, mais au fond d'une baie, dont l'étroite ouverture est encombrée d'îles désertes et marécageuses. C'est là que vient finir la fameuse rivière du Rio Tinto, aux eaux rouges, qu'empoisonnent les lavages de cuivre. Et malheur au poisson qui s'aventure dans ces eaux pernicieuses; il y trouve bientôt la mort.

J'oubliais une autre grande curiosité de Huelva: l'*Hôtel Colon*. Cet hôtel, qui passe avec raison pour le plus grand hôtel de toute l'Espagne, naquit un beau jour d'une spéculation de terrains. Il est aujoud'hui en Société. Composé de différents corps de bâtiments et de petits pavillons construits dans un immense parc planté de palmiers et d'eucalyptus, l'hôtel Colon nous rappelle un peu, comme aspect, la maison de santé du docteur Blanche, à Auteuil. On voudrait en faire une station d'hiver pour les Anglais. Hélas! L'hôtel nous fait l'effet d'un grand désert. Les jardins sont fort beaux. Mais quels chemins pour y arriver! Quelle boue! Quel gâchis! Et quelle vue! La perspective de la gare des marchandises, ou bien des trains en formation!

Le seul intérêt historique qui se rattache à Huelva est donc le voisinage du port minuscule de Palos, d'où partit Christophe Colomb, ainsi que celui du couvent de la Rabida qui fut son véritable domicile officiel pendant les huit années qu'il passa à solliciter et à intriguer, faisant de nombreux voyages entre Cordoue, Salamanque et Grenade. C'est à la Rabida qu'il reviendra, après chaque déception nouvelle, s'épancher, grand homme méconnu, dans le sein de ses seuls et vrais amis et protecteurs, les moines Juan Perez, et Marchena. C'est de la Rabida, dont le couvent est distant d'une demi-heure de Palos, qu'il partira enfin le front haut, après y avoir entendu une dernière messe. Et c'est pourquoi, vers la chûte du jour, me promenant sur le grand môle, je ne pouvais me lasser de regarder là-bas, de l'autre côté de la baie, et le vieux couvent, isolé sur son promontoire, battu par tous les vents, et le port en miniature de Palos dont les petites maisons blanches s'étagent sur la rive gauche du Rio Tinto. Je n'eus plus qu'une idée fixe: aller visiter la Rabida.

Ayant été mis en rapport avec le président de la commission du Centenaire, à Huelva, il fut décidé que je partirais pour le couvent, en compagnie de l'architecte du gouvernement espagnol chargé des travaux de réparations, et du jardinier-chef auquel incombe la replantation des jardins; car les moyens de communication manquent complètement pour aller à la Rabida. Grâce à ces messieurs, je pus profiter ainsi de la barque que le gouvernement met chaque matin à leur disposition dans le port de Huelva; autrement il m'eût fallu fréter une chaloupe, ou entreprendre un voyage en voiture de quatre ou cinq heures (aller seulement), par des chemins plus que douteux.

A sept heures du matin, nous sommes dans la barque: l'architecte, le jardinier, le patron de l'embarcation, un matelot et moi. Le vent est bon; on met la grande voile: nous voguons.

Nous contournons la haute digue de fer du Rio Tinto, et longeons les îles désertes. Peu à peu Huelva disparaît. Au loin, devant nous, voici la pleine mer, et la barre. Nous filons, sur la gauche, dans la direction du couvent qui se profile de plus en plus distinctement sur son promontoire. Des compagnies de grands oiseaux de mer passent au-dessus de notre tête. Le vieux patron, Juan, prend son fusil, met en joue, et abat une belle *gaviota* (goéland) grise et blanche, au fin duvet, dont les ailes déployées ont plus d'un mètre cinquante d'envergure. Mais la chair n'en vaut pas grand chose.

Enfin nous approchons de la Rabida. Déjà nous avons quitté les eaux bleues et vertes de la baie pour entrer dans les eaux rougeâtres du Rio que nous traversons dans sa plus grande largeur, à son embouchure même. L'abordage n'est pas précisément facile à cause des bas-fonds. Il est juste de dire qu'au moment même de notre visite des charpentiers établissent un môle sur pilotis. Nous y grimpons comme nous pouvons; les planches ne sont pas encore posées; et nous gagnons la terre ferme en filant à la queue leu leu, tout en faisant des prodiges d'équilibre.

Devant nous, un immense remblai dont les terres ont été fraîchement remuées; en haut de ce remblai, le couvent. Toute cette partie — l'ancien jardin des Pères franciscains — est aujourd'hui convertie en pépinière. Quelques vieux arbres, qui remontent à l'époque de Christophe Colomb, ont été conservés avec soin. L'antique et haut palmier qui s'est ployé sous tant de rafales est devenu le centre d'un rond-point. De gracieux volubilis s'enroulent autour de sa base.

« Voyez, me dit le jardinier, tous ces trous

dont l'arbre est criblé. Ce sont des coups de feu qu'il a reçus; à quelle époque, et dans quel but? Nous en avons retiré je ne sais combien de balles. »

De ci, de là, quelques gigantesques oliviers sous lesquels venaient s'asseoir les Franciscains. Tout cela, dans quelques mois, sera perdu dans les fleurs. Un peu plus loin, on a utilisé le puits des moines. Une petite vache noire, attelée à une *noria,* tourne, les yeux bandés, pour faire monter l'eau qui arrosera le jardin.

Je gravis le coteau dont les récents travaux de terrassement ont mis à nu la terre rouge, et me voici sur la petite place qui précède le couvent. Supposez un haut plateau battu par tous les vents; en face, la haute mer, la barre, l'embouchure du Rio Tinto; partout des landes, des iles désertes.

Au loin, Huelva. Puis, au centre de cette plate-forme, et devant un couvent de modeste apparence, une simple croix en fer, sur un socle de pierre précédé de trois marches. C'est la fameuse croix, au pied de laquelle, suivant la légende, Colomb et son fils Diego vinrent s'asseoir, épuisés et mourants de faim, à la tombée de la nuit, un soir d'août de l'année 1484.

Que la légende soit vraie ou non, il n'importe! Saluons! Car cette petite porte basse, sous laquelle nous allons passer, le grand homme y est passé, triste, découragé, vaincu. Cet humble banc de pierre qui entoure le petit vestibule, nul doute qu'il ne s'y soit assis. Ces ornements à fresques, aujoud'hui à peu près effacés, étaient là de son temps. Et c'est, par cette même petite porte — la seule — qu'il ressortira huit ans plus tard, le cœur plein d'illusions, l'àme haute, pour aller s'embarquer sur la *Santa-Maria,* qui se balançait au pied de la falaise, sur les flots du Rio Tinto.

L'humble aspect des lieux où se sont passées si simplement de si grandes choses, où ont été conçus et préparés de si vastes projets, vous impressionne plus qu'on ne saurait dire, et c'est avec un véritable respect que je franchis cette porte pour entrer dans la Rabida. Je pénètre, d'abord, dans un petit cloître fort simple, à arcades. Sous les arceaux du cloître, des menuisiers de Palos sont occupés à raboter des solives pour refaire le plancher de l'étage supérieur, car pendant les longues années d'oubli dans lequel était restée la Rabida, l'étage supérieur en avait tout bonnement profité pour descendre au rez-de-chaussée. Tout autour de ce cloître, des celulles fort simples avec une petite fenêtre donnant sur la mer ou sur la campagne. A gauche, l'entrée de la chapelle.

La chapelle, le jour où je l'ai visitée, était complétement nue, à l'exception d'un autel en bois, placé au fond. Cet autel, bleu et or, est moderne. Le crucifix en bois sculpté qui le surmonte, ne m'a pas paru sans valeur. Puis, rien. La Vierge de la Rabida a été transportée dans l'église de Palos. La chaire à prêcher, fort originale, perchée sur le haut d'une colonne de marbre, avec une simple rampe circulaire en fer comme appui, est la seule chose à remarquer.

Je ne puis m'empêcher de penser que c'est dans cette pauvre chapelle — plus simple encore qu'une église de village — que priait avec ferveur «le grand illuminé». Qui pourra jamais nous dire le texte de la prière qu'il improvisa à la Vierge de la Rabida dans la matinée du 3 août?

Au fond de la chapelle, vis à vis de l'autel, une vaste tribune à la place où nous sommes habitués à voir les orgues. Puis, vis à vis de la porte du cloître, par laquelle nous sommes entrés, une autre porte qui donne sur une petite cour: c'est l'ancien cimetière du couvent.

Un peu plus loin que le premier cloître, nous en trouvons un second dont les arcades sont plus rapprochées. Ici les travaux de réparation sont beaucoup plus avancés. Les arceaux sont refaits à neuf. La galerie supérieure, jadis effondrée, est remise en place. Tous les murs de ce cloître étaient jadis peints à fresques. L'architecte qui m'acompagne m'explique qu'il a trouvé ces peintures recouvertes d'une épaisse couche de plâtre. Il a donc fallu piquer le plâtre pour mettre à découvert ce qui restait de la peinture ancienne. Mais, le dessin étant retrouvé, on complétera ce qui manque par la reconstitution du dessin ancien. Il en sera de même pour les fresques du petit escalier, si étroit, que nous gravissons en compagnie du portier, seul habitant aujourd'hui du couvent de la Rabida.

Sous la galerie supérieure nous trouvons deux plaques: l'une, en souvenir de la visite du roi Alphonse XII; l'autre « hommage des ouvriers du Rio Tinto.» On me fait encore voir, au premier étage, une grande pièce que le concierge appelle pompeusement « la chambre de Colomb». J'avais lu quelque part que c'était l'habitation du Prieur. Bref, passons. Je monte sur les toits d'où l'on jouit d'une vue admirable en s'adossant au *campanario*. La cloche actuelle porte la date de 1720.

Je termine ma visite par le petit musée installé par les soins du duc de Montpensier, que l'on peut à juste titre appeler le conservateur et le sauveur de la Rabida.

Les peintures n'ont aucune valeur artistique, mais j'en relève la liste à titre de simple curiosité :

1° Arrivée de Colomb, avec son fils Diégo au couvent de la Rabida, demandant le pain et l'eau.

2° Colomb prend congé du prieur de la Rabida au moment de s'embarquer pour son premier voyage.

3° Portrait de Christophe Colomb.

4° Publication, dans l'église de Palos, de l'ordre royal pragmatique pour le recrutement des équipages et l'armement des caravelles.

5° Départ de Colomb, et vue de deux caravelles.

6° Portrait du Père Marchena.

7° Colomb explique son projet de découverte devant le Prieur de la Rabida, Martin Alonzo Pinzon, et Garcia Hernandez, médecin de Palos.

8° Portrait de Dona Mercedes, femme d'Alphonse XII.

9° Portrait de Colomb.

10° Portrait de la Reine Isabelle II.

11° Portrait d'Isabelle I.

12° Portrait du duc de Montpensier.

13° Portrait de la duchesse de Montpensier.

14° Reproduction photographique du tableau de Jose Gallofre, avec dédicace de l'auteur. Le sujet représente la reddition de Grenade, avec Colomb au premier plan.

Enfin, au centre, sur une table, un album; j'y relève des signatures royales, princières, etc. J'y lis encore beaucoup de noms espagnols, anglais, américains, allemands; peu de français.

J'interroge les ouvriers qui travaillent aux réparations du couvent; tous me répondent qu'ils habitent Palos, qui se trouve à une demi-heure de marche, et dont on aperçoit les rares maisons. Ils m'affirment que dans le pays il y a encore quelques descendants des premiers expéditionnaires; je me rappelle alors que l'Espagne perdit, il y a un an, dans la personne de l'amiral Pinzon, l'héritier direct des célèbres frères de Palos qui commandaient les deux autres caravelles dont l'une avait été équipée à leurs frais.

Ma visite au couvent, dont je ne cessais de parcourir tous les recoins, s'était prolongée assez avant dans la matinée, et quand je redescendis au jardin, je trouvai le couvert tout dressé sous les vieux oliviers des Franciscains. Le jardinier-chef, qui, pour la circonstance, s'était transformé en Vatel, avait voulu se surpasser. Seul, le patron de la barque, le père Juan, paraissait tout soucieux pendant le repas.

—Voilà un vent qui se lève et qui ne me dit rien de bon, murmurait-il. Il faut mettre les bouchées doubles, car nous en avons déjà pour deux bonnes heures pour regagner Huelva du train dont ça va.

Puis, ayant appelé le matelot:

—Il faut mettre la plus petite voile, ajouta-t-il.

Les prévisions du vieux loup de mer n'étaient que trop réelles. A peine dans la barque, nous sommes poussés par un vent terrible vers la barre. Il nous faut donc courir des bordées insensées, décrire des zigszags invraisemblables, et, après une heure de cet exercice, nous sommes encore à quelques centaines de mètres de notre point de départ.

Le vent, qui cingle les flots du Rio, nous

envoie dans la barque des paquets d'eau rougeâtre. Nous louvoyons, le plus que nous pouvons, le long des îles désertes aux bords vaseux, quand tout à coup le patron qui tient le gouvernail nous crie que nous touchons. Et, en effet, nous avions bel et bien échoué sur les bas-fonds.

Alors, pendant près d'une heure, l'architecte, le jardinier, le patron, le matelot et moi, nous poussons, tirons, jetons l'ancre, la levons, tandis que le vent souffle avec rage. Nous nous portons tous ensemble à l'avant, à l'arrière, à droite, à gauche : enfin nous démarrons.

Au bout de trois bonnes heures, rompus, mouillés surtout, nous retrouvons le grand môle de fer de Huelva, et nous tirons notre dernière bordée au large pour faire une entrée décente dans le port.

Ici se terminent mes notes. Mais je doute que les touristes soient jamais fort nombreux à la Rabida. Beaucoup en parleront; peu y seront allés. Ou alors les enragés risqueront fort de partir en amateurs, comme moi, et de revenir engagés en qualité de mousses sous les ordres du vieux père Juan.

SUR QUELQUES POINTS OBSCURS

de la vie de Christophe Colomb avant la découverte

du nouveau monde

———

Don Fernando historien de son père.—Arrivée de Colomb à la Rabida.—Lettre de D. Luis de la Cerda.—Hospitalité du Duc de Medina-Celi.—Fuite de Portugal.—Le beau frère de Colomb.—Le père Juan Pérez et le père Antonio de Marchena.—Témoignage de l'Alcalde de Palos.—Les rôles distincts du père Juan Pérez et du père de Marchena.—Présentation à la cour.—Le livre des comptes du trésorier des Rois catholiques à Séville.— Documents irréfutables.— Rôle de l'Econome royal Luis de Santangel.

Don Fernando Colomb, le fondateur de la Bibliothèque colombine de Séville, et le fils naturel du grand navigateur, fut le premier biographe de son père. Pendant trois siècles, on ne connut guère d'autre histoire que la sienne, et les écrivains de toutes les nations qui le copièrent plus ou moins servilement ne se préoccupèrent pas d'aller chercher d'autres documents. De telle sorte que, lorsqu'en 1827 Washington Irving entreprit à son tour d'écrire la vie de l'amiral, il dut reconnaître que D. Fernando, qui cependant était placé mieux que personne pour connaître les faits et gestes de son père, avait omis, *volontairement ou non,* cinquante-six années de la vie de Christophe Colomb, c'est-à-dire toute la partie antérieure à la découverte. Il ne faut plus s'étonner, après cela, si la plupart des biographies fourmillent d'erreurs, de suppositions souvent plus absurdes les unes que les autres, et s'il est encore maintenant fort difficile de démêler cet écheveau.

Il nous parait fort difficile d'écrire convenablement l'histoire sans une connaissance approfondie des lieux où les événements se sont passés. Or, parmi les biographes de Colomb, combien ont visité le couvent de la Rabida, par exemple, près Huelva, ce couvent isolé sur un promontoire sauvage battu par les vents et les flots? Combien ont vu Palos, ce petit port d'où il partit? Bien peu, assurément, pour ne pas dire aucun, car nous ne lirions pas encore aujourd'hui des invraisemblances du genre de celle qui fait arriver à pied Colomb de Portugal en tenant le petit Diego par la main; qui le fait passer *par hasard* au couvent de la Rabida, en allant à la recherche d'un beau-frère à

Huelva, alors que la Rabida est au sud, Huelva au nord et le port de Palos entre les deux!

A quelle époque Christophe Colomb arriva-t-il au couvent de la Rabida et que venait-il y faire? Nous établirons d'abord ce qui suit: que, en 1484, Christophe Colomb se trouvait *encore* en Portugal; qu'à la fin de cette même année, ou au commencement de l'année suivante, il s'enfuit *dans le plus grand secret* de ce royaume et passa en Espagne directement.

Le premier de ces faits nous est révélé par une déclaration de l'amiral. Dans le *Journal de sa navigation,* à la date du 9 août 1492, il y est dit: «qu'il se rappelle (Colomb) *qu'é-»tant en Portugal en* 1484 un navigateur »vint de l'île de Madère pour trouver le roi, »et lui demander une caravelle pour se »rendre à une terre que l'on découvrait au »couchant des Canaries» (1).

Le second fait de son arrivée en Espagne en 1484 ou au commencement de 1485 nous est affirmé par son fils D. Fernando, le P. Las Casas et Herrera. Nous laisserons de côté César Cantu, Roselly de Lorgues et tous les

---

(1) Navarrete, tome I, *Diario del primer viaje,* p. 5.

autres qui font voyager notre héros en Italie, mais en se gardant bien jamais de fournir une preuve à l'appui de ce qu'ils avancent. Prescott fait arriver Colomb en Espagne dans la dernière partie de 1484. Rodriguez Pinilla (1) opine à croire que l'hospitalité que lui donna le duc de Medina-Celi remonte à 1484 et 1485, qu'il fut présenté pour la première fois aux Rois catholiques en 1486. En somme, voilà un fait certain. Colomb quitta le Portugal vers la fin de l'année 1484 et il nous suffira de rapprocher de cette déclaration l'important document qui va suivre et qui nous ouvrira les yeux sur le but du voyage de Christophe Colomb en Espagne:

Lettre de D. Luis de la Cerda, premier duc de Medina-Celi, au grand cardinal d'Espagne D. Pedro Gonzalez de Mendoza, en date du 19 mars 1493, c'est-à-dire au moment où Christophe Colomb revient triomphant de son premier voyage au nouveau monde:

« Révérendissime Seigneur, je ne sais si
» Votre Seigneurie a connaissance que j'eus
» chez moi pendant longtemps Christophe
» Colomb, *qui venait de Portugal* et qui
» voulait aller trouver le roi de France pour

---

(1) *Colon en España,* ch. II. p. 112.

» qu'il pût entreprendre d'aller à la recherche
» des Indes avec sa faveur et aide; pour moi,
» j'aurais voulu tenter l'épreuve et l'envoyer
» de Puerto de Santa-Maria, où il y avait tout
» ce qu'il fallait, avec trois ou quatre cara-
» velles; il ne demandait pas davantage; mais
» comme je vis que cette entreprise devait
» être plutôt réservée pour le compte de
» notre Señora, j'écrivis de Rota à S. A., qui
» me répondit de lui envoyer Colomb; je le
» lui adressai alors, etc.»

Or, puisque nous allons retrouver à force d'investigations l'emploi des sept autres années que Colomb passa en Espagne avant la découverte, nous pouvons certifier dès à présent que le duc de Medina-Celi accorda l'hospitalité à Colomb vers la fin de 1484, peut-être, mais, à coup sûr, pendant toute la durée de l'année 1485. Il le recommande à la reine et à son économe Quintanilla, et la première présentation à la Cour a lieu au commencement de 1486, date acceptée, du reste, par la plupart des historiens.

Colomb vient de débarquer à Palos quand il se présente au couvent des pères franciscains, et s'il est forcé de demander asile, «du pain et de l'eau», suivant l'expression du témoin de Palos, c'est qu'il s'est sauvé *secrète-*

ment du Portugal, et se trouve dénué de ressources. De telle sorte qu'il est permis de se demander si D. Fernando en se taisant obstinément sur les cinquante-six premières années de la vie de son père, ne voulait pas jeter un voile sur le passé, ou encore garder volontairement le silence sur le premier mariage de Colomb en Portugal, sur son veuvage, et dissimuler ainsi sa naissance à lui, à Cordoue, fruit d'une aventure amoureuse avec une grande dame de la Cour.

Assurément, l'état des affaires de Colomb, en Portugal, ne devait pas être des plus florissants en 1484. Il est resté veuf avec un enfant de six ans. D'une part, le gouvernement portugais—suivant les propres expressions de l'amiral,—« lui a volé ses plans, tout en l'évinçant, après s'être moqué impunément de son projet » (1). D'autre part, il s'est ruiné en pas, démarches, sollicitations. Rien ne le retient plus à Lisbonne. Il part donc avec son enfant, mais d'une façon bien singulière, si nous rapprochons de ce départ précipité cette lettre de Jean II, roi de Portugal, adressée à Colomb, pour l'engager à revenir quelques années plus tard, en lui

---

(1) Navarrete, *Colección diplomática*, tome III, p. 561.

assurant «*qu'on ne l'arrêtera pas,* quelle que soit la cause pendante contre lui».

II

Colomb, accompagné de son *niñito* Diego, a donc frappé à la porte du couvent des pères franciscains, placé sous l'invocation de Santa Maria de la Rabida, là-bas, dans une lande sauvage, sur un petit cap, en face de son problème, l'Atlantique.

Lisez vingt histoires, cent histoires, et toutes vous répéteront que le prieur, le père *Juan Perez de Marchena* l'interroge; Colomb lui répond qu'il s'en va à Huelva à la recherche d'un beau-frère que s'appelle Muliar, dans l'intention sans doute de lui confier le petit Diego. Le moine s'intéresse aux récits de l'étranger. Frappé de tant d'érudition, il envoie chercher le médecin de Palos, D. Garcia Fernandez, déjà cité. Peu à peu, Colomb s'entoure d'un auditoire de fidèles, de croyants, et voilà le grand homme trouvant chez des moines retirés du monde, des marins naïfs, plus d'intelligence, de confiance et de bonne foi qu'il n'en a trouvé chez les puissants de la terre, les savants et les philosophes.

Telle est la version courante, et la version est vraie dans le fond; elle ne l'est point dans les détails, car si laissant de côté les grandes lignes, nous voulons faire connaissance avec ces personnages obscurs qui furent les rares amis et les protecteurs de Colomb, nous allons découvrir que la personnalité du célèbre moine Juan Perez de Marchena, partout cité jusqu'à ce jour, n'*existe pas*.

Le père *Juan Perez*, prieur du couvent, était *un*.

Le père *Antonio de Marchena*, gardien, était *un autre*.

Commençons par l'identité du père Juan Perez, de l'ordre des franciscains.

Le témoignage le plus ancien qui puisse nous éclairer dans cette affaire est la déclaration du médecin de Palos dans le procès de 1515. On ne peut l'accuser de n'avoir pas connu tous les personnages de cette histoire. Il avait été acteur lui-même. C'est lui que Juan Perez avait envoyé chercher pour entendre Colomb développer ses projets en sa présence. Que dit-il en parlant du ou des moines de la Rabida? «Un moine qui s'appelait Juan Perez, aujourd'hui défunt.» Plus loin: «Christophe Colomb dit à ce moine Juan Perez», et enfin «On choisit un homme pour porter à la reine Isabelle une lettre de ce moine Juan Perez qui était son confesseur».

Or, malgré ces déclarations, aucun historien ne prit garde que le seul témoin survivant qui avait assisté aux conférences de la Rabida n'avait pas ajouté une seule fois le nom de Marchena à celui de Perez. Mais poursuivons.

Le second témoignage nous est donné par l'alcalde majeur de Palos. Dans la *Collection du patronat des archives générales des Indes,* conservée à Séville (1), nous lisons: «Dans cette ville de Palos, dans les jours de novembre de l'année 1532, ledit Juan Martin Pinzon présenta comme témoin Alonso Velez, alcalde, et alcalde majeur de cette ville de Palos, etc.» A la troisième demande il répondit: «Que ledit amiral Colomb resta longtemps à Palos, en annonçant qu'il découvrirait les Indes, qu'il demeura au couvent de la Rabida, et qu'il projetait ses moyens de découverte avec un *moine astrologue* (fraile astrólogo), qui était au couvent comme gardien, ainsi qu'un moine, Juan, qui avait

---

(1) Archives des Indes de Séville. Est. 1°, caj. 1°, legaj 5 12, fol. 64.

servi, étant jeune, la reine doña Isabelle la Catholique en qualité de contador (économe), etc.»

Ce témoin avait alors soixante-dix ans. Mais sa déposition est de la plus haute importance, car elle établit d'une façon irréfutable les deux personnalités du *fraile astrologo,* du moine astrologue, c'est-à-dire du père Antonio de Marchena, et celle de l'ancien économe et confesseur de la reine, c'est-à-dire du père Juan Perez.

Dans une autre circonstance, un certain Arias Perez, habitant de Palos, déclare qu'un moine acompagna Colomb à la Cour, et que ce moine s'appelait Juan Perez (1).

Fernando Colomb, parlant de son père au moment où celui-ci songeait à quitter l'Espagne pour la France, dit qu'il se rendit au couvent de la Rabida pour y chercher son fils Diego et le conduire à Cordoue avant de poursuivre son voyage: «Mais Dieu ordonna qu'il en fût autrement, inspirant le moine Juan Perez, prieur du couvent, qui prit en amitié l'amiral».

Enfin, nous citerons encore le texte de la proclamation royale lue dans l'église de Pa-

---

(1) Navarrete, tome III, suplem. 1", page 562

los, le mercredi 23 mai 1492, relative à l'équipement de deux caravelles (1): « Etant
»présents dans l'église Saint-Jorge de cette
»ville de Palos le père Juan Perez et Chris-
»tophe Colomb».

Ce qui n'a pas empêché tous les biographes de Colomb, qui ne connaissaient pas l'existence du père de Marchena, de reporter toute la gloire sur le père Juan Perez en le qualifiant du titre de Marchena. Il fallait pour la première fois qu'un père franciscain de nos jours, le R. P. espagnol José Coll nous signalât l'erreur en nous fournissant toutes les preuves à l'appui.

Qu'était-il donc, ce père Antonio de Marchena si méconnu, si ignoré, ce «moine astrologue, qui projetait les moyens de découvrir les Indes» avec Colomb?

Le père Las Casas nous avait renseigné le premier sans le savoir: «Il ressort de
» quelques lettres de Colomb écrites de sa
» main aux rois (lettres que j'ai eues entre les
» miennes, ajoute-t-il) et datées de cette île
» espagnole, qu'un religieux qui avait pour
» nom Fr. Antonio de Marchena fut celui qui
» l'aida à persuader la reine et à faire accep-

---

(1) Navarrete, tome II, doc. n° 7.

» ter la pétition.» Puis, plus loin: «Jamais je
» n'ai pu trouver à quel ordre il appartenait,
» bien que je croie qu'il fût de Saint-Fran-
» çois, car j'ai remarqué que Christophe Co-
» lomb, devenu amiral, a toujours été très
» attaché à cet ordre (1).»

Christophe Colomb écrit encore aux rois:
« Jamais je n'ai trouvé aide en personne, si
» ce n'est en Fr. Antonio de Marchena, après
» celle de Dieu éternel (2).»

Quelle belle épitaphe à graver sur un mausolée au couvent de la Rabida!

Serait-il donc juste, après de pareils témoignages, de laisser dans l'ombre la grande figure du P. Marchena et de ne pas lui assigner au bout de quatre siècles, la place qui lui convient?

Et cette lettre des Rois catholiques à Colomb: «Il nous semble que vous feriez bien
»d'emmener avec vous un bon astrologue et
»de prendre de préférence le *fraile Antonio*
»*de Marchena,* parce qu'il est bon astro-
»logue, et *qu'il nous a paru qu'il se con-*
»*formait à vos idées* (3).»

---

(1) *Historia general de las Indias,* par. 1ª, c. XXXII.
(2) *Historia general de las Indias,* par. 1ª, c. XXXII.
(3) Navarrete, tome II, doc. n° 71.

Est-il admissible un seul instant que les rois ne sussent pas le nom du prieur de la Rabida Juan Perez, ancien économe et confesseur de la reine? Pouvaient-ils donc le confondre avec Antonio de Marchena «l'astrologue»? Et les monarques se seraient-ils permis de donner une recommandation de cette sorte, si éloignée de leurs attributions et de leur caractère, sans avoir apprécié les qualités du P. Antonio de Marchena?

Le rôle joué par Juan Perez et par Antonio de Marchena dans ce grand épisode de l'histoire du monde fut donc absolument différent. A Juan Perez l'honneur d'avoir accueilli Colomb, de l'avoir secouru, de l'avoir réconforté avec de bonnes paroles, d'avoir cru en lui, de l'avoir recommandé à la reine, d'avoir usé de son influence auprès des grands et, qui sait? peut-être de lui avoir fait obtenir cette place chez le duc de Medina-Celi? A lui encore l'honneur de lui avoir fait connaître les frères Pinzon, de Palos, qui vont devenir ses collaborateurs les plus ardents, qui vont l'aider de leurs personnes, de leur flotte, de leur argent.

Au père Antonio de Marchena, cosmographe, géographe, homme de science et d'études, astronome distingué, revient l'honneur tout entier d'avoir travaillé avec Colomb et d'avoir préparé les éléments de réussite.

A présent, comment se fait-il que deux personnalités si distinctes et si nettement définies aient pu se confondre en une seule pendant quatre siècles?

Lopez de Gomara, qui écrivit son histoire en 1552, fut le premier coupable (1). Il confondit les deux noms en un seul. Ceux qui vinrent après Gomara le copièrent, et lorsqu'on recontra le nom de Juan Perez tout court, ainsi que dans les déclarations reproduites plus haut, on y ajouta par habitude le nom de Marchena.

III

Nous terminerons cette étude en fixant définitivement quelques-unes des autres dates des différents séjours de Colomb en Espagne avant la découverte du nouveau monde.

Nous avons établi précédemment la date de son arrivée en Espagne et de son séjour chez le duc de Medina-Celi. Nous n'y revien-

---

(1) *Historia general de las Indias*, colección de Barcia, parte 1ª, page 166.

drons pas. De quelle façon Colomb prit-il congé de son protecteur et quand se présenta-t-il à la Cour? Le duc de Medina-Celi se charge de nous répondre sur le premier point: «La reine me répondit que je lui envoyasse »(Colomb) et je le lui envoyai.» Voilà qui est clair. La présentation à la Cour eut lieu le 20 janvier 1486. Alonso de Quintanilla, économe de la reine, examine le premier le projet et déclare dans son rapport à la souveraine «qu'il ne tient pas l'affaire pour bien »certaine».

Au printemps de 1486 le projet est de nouveau soumis à une assemblée présidée par le P. Hernando de Talavera, prieur du couvent du Prado, et confesseur de la reine; l'avis de cette assemblée est tout à fait contraire à l'exécution.

Pendant l'hiver de 1486-87, Colomb est renvoyé devant l'université de Salamanque qui tint ses sessions dans le couvent de San Esteban, de l'ordre de Santo Domingo. Et bien que l'avis de la majorité fût contraire au projet, les dominicains défendirent Colomb avec ardeur. Cette habile défense sauva le futur amiral, car au lieu d'être congédié de la Cour, il fut attaché au contraire, à partir de cette époque, au service du roi.

Nous relevons sur le livre de comptes de Francisco Gonzalez de Séville, trésorier des Rois catholiques, les importants documents qui vont suivre:

—« Ce jour (5 mai 1487), je payai à Chris-
» tophe Colomb, étranger, 3,000 maravédis,
» qui est ici faisant certaines choses accom-
» plies au service de LL. AA. »

—« Le 27 août 1487, remis au même 4,000
» maravédis pour aller à la Cour par ordre de
» LL. AA., ce qui fait un total de 7,000 mara-
» védis avec les 3,000 qu'il a reçus d'autre
» part le 3 juillet. »

—« Le 15 octobre 1487, je donnai à Chris-
» tophe Colomb 4,000 maravédis que LL. AA.
» ordonnèrent de lui payer pour frais divers.
» *(Ayuda de costa.)* »

—« Le 16 juin 1488, je donnai à Christophe
» Colomb 3,000 maravédis, par cédule de
» LL. AA. »

Notre travail devient désormais plus facile: en 1488 Colomb passe à Séville; il y reçoit une lettre du roi de Portugal, lettre à laquelle nous avons fait allusion précédemment; cette lettre, datée du 20 mars, l'engage à venir à sa Cour.

Pendant l'été de 1488, il accompagne les rois à Valladolid. En septembre de la même année il va en Portugal, et revient en Espagne en 1489. A rapprocher de ces dates la naissance de son fils Fernando, survenue á Cordoue le 28 septembre 1488, selon l'épitaphe de la cathédrale de Séville, ou le 29 août 1487, suivant les *Chroniques de Séville,* par Ortiz de Zuniga, qui affirme avoir vu l'acte de baptême dont l'église (il ne dit pas laquelle) conserve l'original. Sa mère était de famille noble, et s'appelait doña Beatriz Enriquez.

Le 12 mai 1489, la Cour résidant à Cordoue fait parvenir à Séville, et en d'autres lieux, l'ordre de loger gratuitement Christophe Colomb en chemin, et jusqu'à Cordoue où il est appelé «pour le meilleur service de LL. AA.»

En juin 1489, on suppose qu'il entra dans l'armée comme volontaire pour faire la campagne de Baza qui dura jusqu'au 4 décembre.

A ce moment, l'obscurité se fait encore. Certains historiens lui font passer l'année 1490 près de son ancien protecteur, le duc de Medina-Celi. En tout cas, ce qui est bien certain, c'est que l'année suivante, en 1491, désespéré de voir les rois tout occupés au siège de Grenade, et le siège de Grenade se prolonger éternellement, le pauvre Colomb perd patience et s'en revient à la Rabida. C'en est fini, il veut quitter l'Espagne; il veut aller porter ses projets à une autre nation qui l'entendra. Il vient chercher son fils Diego pour le conduire à Cordoue, avant de prendre le chemin de la France.

Le père Juan Pérez essaye de lui faire abandonner cette résolution si funeste pour l'Espagne; il obtient de son ami une remise; il écrira, lui, Juan Pérez, à la reine. Et la lettre est portée par la main du fidèle et discret pilote de Lepe, Sebastian Rodriguez.

Quatorze jours plus tard, le pilote est de retour avec un message royal. La reine remercie son ancien confesseur de ses nobles désirs et l'invite à venir en personne à la Cour en lui laissant un peu d'espoir en ce qui concerne son protégé. On a pu retrouver (1) l'attestation d'un certain Juan Rodríguez Cabezudo, habitant de Moguer, qui vendit la mule avec laquelle s'effectua le voyage.

Sans plus tarder le dévoué Juan Pérez se met en route pour Santa-Fé. Qui nous dira jamais ce qui se passa entre la reine et le prieur? Ordre est donné de faire venir Co-

---

(1) *Suplemento á la colección diplomática*, tomo III, página 580.

lomb sur-le-champ, et de lui faire remettre par l'entremise de Diego Prieto, alcalde de Palos, une somme de 20,000 maravédis afin de pouvoir se présenter dignement et faire bonne figure à la Cour.

On sait le reste: l'arrivée de Colomb au campement de Santa-Fé coïncida avec la reddition de Grenade (30 décembre 1491).

Et cependant, tout n'était pas fini encore, puisque, ne pouvant s'entendre sur les accords, il quitta Santa-Fé au début de février 1492, encore une fois décidé à se rendre en France.

C'est à l'économe royal, Luis de Santangel, dont M. Balaguer vantait encore hautement le concours, dans une récente conférence à l'Athénée de Madrid, que l'Espagne est redevable de la découverte de l'Amérique pour le compte des Rois catholiques. Il court prévenir la reine de ce départ. La reine dépêche un messager à franc étrier, et Colomb, rejoint au pont de Pinos, sur la route de Cordoue, et à quelques kilomètres de Santa-Fé, est obligé de rebrousser chemin.

Les capitulations, dont l'original existe encore aux Archives des Indes, dans la Casa Lonja de Séville, sont datées du 12 mai. Cette fois Colomb, triomphant, après une attente de sept ans, reprenait définitivement le chemin de la Rabida, d'où il devait partir trois mois plus tard.

Nous devons avouer que nous avons recherché des traces du passage de Colomb à Séville, Grenade, Cordoue, Santa-Fé, et que nous n'avons rien trouvé nulle part. A Pinos-Puente, nous avons dû nous contenter de regarder le pont. A Valladolid, nous avons demandé où se trouvait la maison mortuaire du grand navigateur. On nous a répondu que cette question était précisément le sujet d'un concours littéraire. Nous croyons bien, pour notre part, qu'il dût mourir dans quelque vulgaire *posada,* soit une auberge.

Mais tout ceci serait beaucoup trop long à raconter.

Nous nous en tiendrons là, heureux si nous avons pu dissiper quelques erreurs depuis longtemps trop bien accréditées, et en formulant ce désir de voir un jour ou l'autre un de nos historiens français publier une biographie nouvelle et documentée.

La vie de Christophe Colomb est encore à écrire.

À LA RECHERCHE DE MURILLO

Naissance de Murillo.—Acte de baptême authentique.—La maison natale —La place de Santa Cruz.—L'endroit où il fut enterré.—Inscription commémorative —La chapelle des Carmélites.—Une Espagne du XVIIᵉ siècle.— La maison mortuaire. —Le testament de Murillo.

Pendant les six mois inoubliables que je passai dans la capitale de l'Andalousie, alors que je partageais mes heures de loisir entre la Bibliothèque Colombine et de délicieuses promenades à l'aventure à travers le dédale des petites rues, je m'étais mis en tête de piocher le vieux Séville. Tâche ingrate s'il en fût, car je m'aperçus bientôt que tous les *Bœdecker* sont muets sur la matière, ou à peu près. N'allez pas les sortir de la description de la Cathédrale ou de l'Alcazar! Tous se copient et se répètent, de telle sorte qu'il n'y a moyen de rien savoir.

—Voyons! me dis-je un jour, à Séville il doit bien y avoir quelque souvenir de Murillo? Or, une fois lancé sur cette piste, je commençai à m'apercevoir qu'il n'existait, à

Séville, ni une biographie sérieuse, ni une étude complète sur Murillo; ma curiosité n'en fut que piquée davantage; ce n'était pas une statue quelconque sur la place du Musée qui pouvait précisément me contenter.

Je retournai à la bibliothèque, et, à défaut d'un catalogue que l'on doit toujours faire, je harcelai le bibliothécaire de questions, m'entourant de tous les ouvrages qui pouvaient me parler de Murillo.

Où était-il né, Murillo? A Séville. Et encore, au premier abord, le fait n'est pas sûr, puisque la petite ville de Pilas, à cinq lieues au sud-ouest de Séville, et d'où était sa femme, réclame pour elle cet honneur.

Avant d'aller plus loin, il fallait commencer par éclaircir ce mystère, et voici ce que je découvris peu à peu: pendant longtemps, on crut que Murillo était né à Pilas, et ce qui avait donné lieu à cette croyance, c'est qu'il y avait épousé D.ª Beatriz, et y possédait de ce fait quelques biens. D'autre part, le Comte del Aguila, ayant découvert à la paroisse de la Magdalena (1) un acte de bap-

---

(1) Aujourd'hui détruite. Elle s'élevait sur l'emplacement occupé par la place del Pacifico, qui s'appelait auparavant place de la Magdalena.

tême, allait proclamant partout que Murillo était né à Séville, et qu'il y avait été baptisé le 19 septembre 1601. Or c'était d'un nommé Bartolomé Murillo, fils de Luis Murillo, et non du peintre qu'il s'agissait.

Le doute le plus absolu planait donc sur la naissance du grand artiste, quand D. Juan Agustín Cean Bermudez, qui tenta un essai de biographie, eut l'idée de se rendre aux archives de la cathédrale. Là, il sut qu'un des fils de Murillo avait été chanoine. Il suivit alors la filière, et put ainsi remonter jusqu'à l'acte authentique de baptême qui est le suivant:

«*En lunes primero dia del mes de enero de 1618, yo el licenciado Francisco de Heredia, beneficiado y cura de esta iglesia de la Magdalena de Sevilla, bauticé á Bartolomé, hijo de Gaspar Esteban y de su legítima mujer María Pérez, al cual amonesté el parentesco espiritual, y lo firmé. Fecha ut supra. Licenciado Francisco de Heredia.*»

«Le lundi premier jour du mois de janvier de l'année 1618, moi, François de Heredia, licencié, bénéficiaire et curé de cette église de la Magdeleine de Séville, je baptisai Bartolomé, fils de Gaspar Etienne et de sa légitime épouse Maria Pérez, auquel je donnai la parenté spirituelle, et je signai. Fait comme ci-dessus. François de Heredia, licencié.» (1)

La tradition faisant naitre Murillo à Séville était donc dans le vrai. A présent dans quelle maison du quartier de la Madeleine? On m'indiqua la maison portant le n° 20 de la rue San Pablo.

Où est-elle, cette rue San Pablo? Car autant chercher un cheveu dans la tête ébouriffée d'une gitane, que de chercher une rue dans l'écheveau de ruelles qui s'appelle Séville. Eh! bien la rue San Pablo est cette rue qui fait suite au pont. Fermée jadis du côté du Guadalquivir, c'est au bout de cette rue, à la porte de Triana, que le Comte del Aguila —celui-là peut-être même qui recherchait l'acte de baptême authentique de Murillo, et dont nous parlions à l'instant,—trouva la mort de 27 mai 1808, en essayant de repousser l'attaque des français.

Quant à la maison portant le n° 20, nous la trouvons à l'angle d'une petite place, à quelques pas à peine de l'hôtel de Madrid: maison de petite apparence, toute rechampie

---

(1) *Carta de D. Juan Agustin Cean Bermudez á un amigo*, Cadix, 1806, Bibliothèque Colombine de Séville, 75, 1, 12.

à neuf. Au rez de chaussée, une boutique d'épicerie dans l'angle. Deux étages, un toit plat en terrasse. Tout cela un peu étriqué, la disposition triangulaire du terrain ne permettant ni *patio* intérieur, comme c'est l'usage à Séville, ni développement. Aucune plaque indicatrice. Je fais le tour de la maison par la rue de la Magdalena, située derrière. Toutes les fenêtres en sont grillées extérieurement suivant l'usage andalou. Dans la rue de la Magdalena je trouve bien une plaque de marbre accrochée aux flancs d'une église. Mais je n'y apprends rien, si ce n'est que la Chapelle de la Cinquième Angoisse, sise en ce lieu, se rattache à la Basilique de Saint Jean de Latran à Rome, ce dont je me soucie médiocrement.

Enfin, comme je sais que l'on fait naître aussi le peintre rue Murillo, une petite rue qui se trouve juste en face, je traverse la place minuscule, entre dans une voie très étroite et fort courte, bordée de vieilles maisons irrégulières, toutes fort proprement blanchies à la chaux. Toutes les maisons ont des boutiques. Ce quartier est vivant, commerçant; on ne se figure pas bien un atelier de peintre en cet endroit, aussi je me range volontiers du côté de la tradition, qui assigne ce quartier comme le quartier natal de l'auteur des *Immaculées*, celui où le grand homme passa les premières années de son enfance.

Et puis les véritables ateliers où il travaillait, n'étaient-ce pas les églises, les chapelles, les couvents, depuis le couvent des Capucins dans lequel il peignit tant de chefs d'œuvre, jusqu'à la gracieuse bonbonnière dorée de Santa María la Blanca?

Maintenant où reposent les restes de Murillo? Il n'est à peu près personne dans Séville qui puisse vous le dire, et j'ai fouillé en vain à ce sujet plus de vingt volumes.

Les restes de Murillo reposent, si nous en croyons l'inscription posée en 1859 par les soins de l'Académie des Beaux Arts sur un des murs les plus cachés de tout Séville, sous les arbres et les bancs de pierre de la toute petite place de Santa Cruz.

Oh! Comme je l'ai cherchée longtemps cette petite place et sur les plans où l'on ne peut lire son nom, et dans le quartier même où elle se trouve enclavée, tournant dix fois autour avant de la découvrir. Et la maison mortuaire de Murillo, que rien n'indique non plus, en est distante à peine de vingt cinq mètres.

Figurez-vous une cachette, une retraite mystérieuse, sans issue d'un côté, puisqu'elle s'appuie à un fragment du vieux rempart, et n'ayant d'autre débouché que des ruelles invraisemblables dont quelques unes n'ont pas un mètre cinquante de largeur.

C'est là que s'élevait une modeste chapelle; Murillo demeurait à côté. On l'y enterra en 1682. En 1810, la chapelle fut rasée, et une couche fine de sable recouvre le tout.

Le 8 avril 1859, sur un des murs de cette triste place, où personne ne passe jamais, on plaça cette inscription:

POUR PERPÉTUER LA MÉMOIRE
DE CE QUE DANS LE CIRCUIT DE CETTE PLACE
IL Y A PEU DE TEMPS ENCORE TEMPLE SACRÉ,
ETAIENT DÉPOSÉES LES CENDRES
DU CÉLÈBRE PEINTRE SÉVILLAN
BARTOLOMÉ ETIENNE MURILLO;
L'ACADÉMIE DES BEAUX ARTS
FIT POSER CETTE PIERRE,
MODESTE MONUMENT, MAIS LE PREMIER
CONSACRÉ A SON ILLUSTRE FONDATEUR.
1858.

Qu'elle est déserte la petite place qui recouvre les restes de Murillo! De petits arbres plantés en ovale, quelques bancs de pierre.

A côté la toute étroite rue Santa Teresa. Murillo y est mort, au numéro 8: une grande maison à fenêtres grillées, presque vis-à-vis le porche de la petite église de Sainte Thérèse. Par la porte entr'ouverte on aperçoit la grille ouvragée du *patio*. La cour est entourée par une modeste colonnade de marbre blanc. Quelques plantes vertes, suivant l'usage de Séville, ornent la cour. On sent là la maison d'un homme aisé, d'un propriétaire qui n'aime ni le bruit, ni la foule.

J'y suis retourné bien des fois dans ce coin, du jour que je l'eus découvert. Je demeurais à peine à trois cents pas de là et j'y passais souvent de préférence pour me rendre en ville. Un soir, que je rôdais par là vers six heures, à la tombée de la nuit — on était en hiver — une des fenêtres grillées qui bordent la place silencieuse était ouverte. Derrière cette fenêtre on jouait des castagnettes, et les accords d'un piano m'arrivaient par bouffées. On dansait.

Dix pas plus loin, sous le porche de la petite église des Carmélites de Santa Teresa, deux mendiants étaient accroupis; c'était la première fois que je voyais la porte de cette chapelle entr'ouverte. Je soulevai la lourde portière, et j'entrai. J'eus comme un éblouissement. La chapelle était pleine de gens agenouillés sur les dalles. Sur l'autel, plus de cent cinquante cierges étaient allumés. Un bedeau rangeait des pupitres dans le milieu de l'église pour la maîtrise; la cérémonie n'était pas encore commencée.

Le sanctuaire était tout petit, mais partout des dorures, des bois sculptés, des tableaux anciens. Je gage que Murillo n'y eût pas trouvé grand'chose de changé. Je ressors dans la petite ruelle, je passe entre les deux mendiants qui me promettent de me recommander dans leurs prières à tous les saints du paradis, tandis que la fenêtre d'à-côté lançait toujours des bruits stridents de castagnettes. Un peu plus loin, dans la pénombre, un homme allumait un réverbère à huile suspendu devant une Sainte Vierge adossée derrière un grillage à une maison.

Toute l'Espagne était là, à la fois, dans ce coin! Mais non pas une Espagne moderne; non, l'Espagne du XVIIe siècle, l'Espagne de Murillo, et vraie encore, et bien vivante! Là, pendant quelques courts instants, je crus vivre avec Murillo, de la vie qu'il avait vécue, dans les lieux qu'il avait habités. Oh! ce petit recoin caché derrière les vieux remparts, à deux pas de la tombe qui l'attend, en face de l'église où il va prier! Et comment Murillo n'eût-il pas été un mystique? Mais en repassant par les ruelles où il passait, en entrant dans les chapelles où il s'agenouillait, sous le ciel bleu de l'Andalousie qui l'inspirait, il serait impossible de comprendre le Maître autrement! (1)

Ce fut le 4 avril 1682 que Murillo fut enterré en grande pompe et assistance, estimé, regretté de tous, dans cette église, aujourd'hui démolie, de Santa Cruz:

« Le quatre avril 1682, on enterra dans cette église de Santa Cruz de Séville le corps de Bartolomé *Morillo*, insigne maitre dans l'art de la peinture, veuf de celle qui fut Doña Beatriz de Cabrera. Il fit son testament par devant Juan Antonio Guerrero, écrivain public de Séville, et le licencié Francisco González

---

(1) Je sais qu'il existe encore une autre tradition faisant mourir Murillo, *place Alfaro, n° 2*, c'est-à-dire presque au même endroit. Cela, fût-il vrai, ne changerait rien à ma description. Vingt mètres de distance ne peuvent rien faire à la chose. Dans le petit vestibule de la place Alfaro n° 2 on peut lire:

CETTE MAISON FUT CERTAINEMENT
CELLE OÙ MOURUT
LE 3 AVRIL 1682
L'INSIGNE PEINTRE
BARTOLOMÉ, ETIENNE, MURILLO.

Porras dit la messe des morts, le corps étant présent.»

Cette minuscule église de Santa Cruz, chapelle sous les Goths, mosquée sous les Arabes, synagogue sous St. Ferdinand, église encore une fois du temps de Murillo, avait gardé quelque chose de chacune de ses transformations. C'était là que l'artiste venait s'abîmer des heures entières en contemplation devant la *Descente de Croix* de Pedro Campana. Sa réponse au sacristain qui s'étonnait de le voir rester là si longtemps est devenue légendaire: «J'attends pour sortir, répondit-il à cet homme qui le pressait, que ceux-ci aient achevé de descendre notre Seigneur.»

Que dire de ce passage d'une admirable simplicité relevé dans son testament?

«Je déclare qu'un tisserand dont je ne me rappelle pas le nom, mais qui demeure à l'Alameda, m'a commandé un tableau en demi-grandeur de la Très Sainte Vierge, lequel n'est encore qu'ébauché; rien n'ayant été convenu à cet égard, et ledit tisserand m'ayant donné à compte neuf vares de satin, j'ordonne que, faute à mes héritiers de lui livrer ladite toile, il lui soit payé le montant desdites neuf vares de satin.»

Murillo, en mourant, se plaça sous la protection de la Sainte-Vierge, nous apprend le même testament. Et quel autre, plus que l'auteur de toutes les Vierges, pouvait avoir droit, là haut, à sa reconnaissance?

Avec le chanoine, son fils, mort lui-même le 2 mai 1709, paraît s'être éteint à jamais le nom illustre de Murillo.

LES VÉRITABLES DÉCORS DE « DON JUAN »

Don Juan à Séville et Tirso de Molina.—Le *Séducteur de Séville*.—Le véritable don Juan Tenorio. — Le commandeur d'Ulloa.—La légende.—Le palais.—Don Diego père de Don Juan.—L'exil à Lebrija.—La maison du Commandeur.—Le fidèle Catalinon.—Le couvent de San Francisco.—La sépulture des Ulloa.

Venir à Séville, y demeurer pendant de longues semaines, et ne pas y retrouver non plus les traces de Don Juan, voilà qui serait vraiment sans excuses!

Don Juan à Séville?

Oui, j'entends bien: non pas le Don Juan de Molière qui est Sicilien de la tête aux pieds. Molière qui a puisé à pleines mains dans le texte espagnol a transporté son Don Juan en Sicile et l'y a laissé. De celui là nous ne nous occuperons pas. Mais parmi cette foule bigarrée de Don Juans, nous ne voulons connaître que le seul, le vrai, l'unique, le père de tous les Don Juans enfin, Don Juan Tenorio de Séville.

Qui donna naissance à Don Juan?

A cette demande, nous répondrons sans hésiter—après recherches—Tirso de Molina, de son vrai nom Fray Gabriel Tellez, moine qui passa une partie de sa vie dans un couvent de Tolède, né vers 1570, sept ou huit ans après Lope de Vega, et trente ans avant Calderon.

Le titre primitif de la pièce?

Le *Séducteur de Séville* ou le *Convié de pierre*.

Si nous avions encore des doutes sur le lieu où se passe la scène, ce titre de *Séducteur de Séville* nous les enlèverait complètement.

A présent quelle est la légende qui a inspiré Tirso de Molina? Sur quoi repose-t-elle? Sur bien peu de chose assurément. Sur quoi a-t-on bâti *Hamlet* et *Guillaume Tell?* Donc, prenons la légende telle quelle, sans y changer un mot, et nous lirons ensuite Tirso de Molina. Puis, nous mettant à arpenter les places, les rues, et les cimetières de Séville, nous tâcherons de retrouver nos *véritables décors* que nous vous avons promis en commençant.

Don Juan Tenorio, d'une illustre famille des vingt quatre de Séville, vient une nuit dans la maison du commandeur d'Ulloa dans le dessein de lui ravir sa fille, doña Ana. Il ne réussit pas dans son coupable projet, mais dans la lutte, il tue le commandeur. On enterre celui-ci au couvent de San Francisco. On suppose alors que les moines, ne pouvant atteindre Don Juan à cause de l'inviolabilité que lui donnait sa haute naissance, l'attirèrent un jour au couvent d'où il ne devait plus jamais sortir.

Telle est l'histoire que l'on se racontait tout bas à Séville il y a trois cents ans. Et cette légende, dans sa simplicité, pourrait bien avoir quelques raisons d'être. Mais si on la racontait ainsi tout bas, la légende, on la travestissait d'une bien autre façon tout haut: Don Juan avait été défier le commandeur jusque sur son tombeau. Et pourquoi y était-il allé? Parbleu! pour répondre à l'invitation du commandeur. Bref, il n'en était jamais revenu, juste châtiment de ses fautes.

Ouvrons à présent Tirso de Molina: le premier acte se passe à Naples, où Don Juan se rend déjà coupable d'une foule de forfaits. Ce rapprochement entre l'Italie et l'Espagne n'a rien qui doive nous étonner au XVIe siècle, et si nous sommes à Naples nous nous expliquons facilement pourquoi Molière, qui, lui, n'avait aucune raison pour revenir en Espagne, a laissé son héros sur les côtes bleues de la Sicile.

Le brave commandeur d'Ulloa—nom qui se lit encore sur les plaques des rues à Séville, ainsi du reste que la rue Tenorio, une vilaine petite rue près des vieux murs—le brave commandeur habite Séville. Sa fille, plus belle que la plus belle des Andalouses, s'appelle doña Ana. Lorsque le commandeur vient rendre compte au roi de son ambassade à Lisbonne, le roi lui demande s'il a une fille; sur son affirmation, le roi déclare qu'il veut la marier à Don Juan Tenorio, fils de Don Diego, majordome royal.

Où se passe cette scène?

Au palais. Quel palais? Et quel peut être le palais des rois, à Séville, si ce n'est l'Alcazar?

Là, nous n'avons que l'embarras du choix entre le salon des Ambassadeurs dont la coupole élevée domine l'ensemble de l'Alcazar, et dont les ornements arabes, les jaspes exquis, les arcs à jour, les colonnettes, les *azulejos* ou carreaux émaillés éblouissent les yeux du visiteur; le salon des *Muñecas*, ou salon des poupées; le *patio* ou cour des Doncelles; mais où que nous soyions dans le palais, nous serons dans un décor arabe d'une grandeur et d'une majesté infinies; dans l'Alcazar de Séville, enfin, et ce mot pour nous résume toutes les descriptions archi-connues que nous pourrions faire.

Cependant D. Diego, père de D. Juan, a eu connaissance des scandales provoqués à Naples par son fils; au lieu d'approuver ce mariage, il ordonne à son fils, retour d'Italie, de se rendre en exil à Lebrija.

Lebrija est une petite ville d'Andalousie sur la route de Jerez. Mais comme elle n'a rien à faire dans le sujet, nous nous contenterons de la signaler, et passerons outre.

Don Juan a conçu un infernal projet. Il s'introduira la nuit dans la maison du commandeur, et enlèvera doña Ana. Où demeure le commandeur? L'auteur a eu le soin de nous le dire: sur la place de l'Alcazar.

Au fond, le palais arabe avec sa porte d'entrée et ses hauts murs crénelés. A gauche la maison du commandeur. Le coup échoue. Le commandeur sort de chez lui et croise son épée avec le séducteur de sa fille, mais il tombe mortellement blessé. Au bruit des épées, le majordome du palais, qui n'est autre que Don Diego, père de Don Juan, sort de l'Alcazar, bientôt suivi du roi. Le meurtrier a pris la fuite, et l'on arrête l'innocent Ottavio, le soupirant de Doña Ana.

Ici encore, le doute sur le lieu de la scène ne saurait être permis. Décidément Fray Gabriel Tellez, en dépit de sa robe de moine, était un habile metteur en scène, et en choisissant la place de l'Alcazar, il savait bien ce qu'il faisait.

D. Juan, toujours suivi de son fidèle Catalinon (le Sganarelle de Molière) chemine tranquillement sur la route de Lebrija. Pourtant nous le voyons revenir bientôt secrètement à Séville, et où ira-t-il tout d'abord? Au couvent de San Francisco rendre visite à la tombe du commandeur.

Où donc est-il placé ce couvent de San Francisco, à Séville, que nous avons cherché inutilement? J'aime mieux vous dire de suite que le couvent n'existe plus, mais qu'il a parfaitement existé. M. A. de Latour, qui a consacré deux volumes à quelques remarquables études sur l'Espagne (Michel Lévy, 1855) nous raconte qu'avant la destruction de la chapelle, il a cherché, mais vainement, la sépulture des Ulloa. Les Ulloa, rapporte-t-on, avaient une chapelle à eux dans l'église du couvent de San Francisco. C'est là que se trouvait le tombeau du commandeur.

Le couvent de San Francisco était situé près de la place de ce nom, appelée également place de la Constitution. Il n'y a pas lieu de s'étonner de rencontrer en Espagne une sépulture privée dans un couvent. Les Ulloa, suivant l'usage, pouvaient très bien avoir leur panthéon dans une des chapelles dédiées au culte; de plus, le couvent de San Francisco se trouvait à quelques minutes à peine de la place de l'Alcazar où Tirso de Molina place la demeure du commandeur.

La scène du tombeau n'a donc pas lieu dans un cimetière, mais dans une chapelle; nous pouvons préciser davantage: dans une des chapelles de l'église du couvent de San Francisco, à Séville. Voilà qui ne fait aucun doute. Resterait à découvrir une ancienne vue de cette chapelle avec le tombeau du commandeur. Trouvaille bien problématique, il me semble, puisque M. A. de Latour, au moment de la démolition de la chapelle, a déjà en vain recherché sans succès la sépulture des Ulloa.

Dans le texte espagnol que nous avons sous les yeux, il est bon de remarquer aussi que la statue ne répond pas.

Don Juan.—Quel est ce tombeau?

Catalinon.—C'est là qu'est enterré D. Gonzalo (le commandeur).

Don Juan.—Celui à qui j'ai donné la mort? On lui a fait une belle sépulture.

Catalinon.—Le roi l'a commandé ainsi. Mais que dit cette inscription?

Don Juan.—«Le plus loyal des chevaliers attend ici que le Seigneur le venge d'un traître.» J'aime assez la plaisanterie. C'est de moi que vous prétendez vous venger, bon vieux, barbe de pierre?... Je vous attends cette nuit à dîner dans mon hôtellerie.

Ici encore, nous allons renverser les usages établis. Vous avez bien remarqué ce mot *hôtellerie.* Don Juan ne reçoit pas le commandeur chez lui, dans cet intérieur luxueux où nous sommes habitués à le voir, mais dans une auberge quelconque; et c'est logique. Il est venu secrètement de Lebrija à Séville; son père le croit encore au fond de son exil; il ne peut avoir de chez lui. Il est descendu quelque part, n'importe où, et la salle magnifiquement ornée du festin devient prosaïquement une salle d'auberge du xvie siècle, avec quatre murs nus pour tout ornement.

Le commandeur invite Don Juan à son tour à *sa chapelle.* Même décor qu'un peu plus haut.

Nous rappellerons, par curiosité, la mort de D. Juan dans Tirso.

Don Juan.—Je brûle, ne me serre pas si fort. De quoi se plaint ta fille? Elle a vu à temps le stratagème.

Le commandeur.—Qu'importe? L'intention était claire.

Don Juan.—Laisse que j'appelle un prêtre pour me confesser et m'absoudre.

Le commandeur.—Il n'est plus temps. Tu y penses trop tard.

Don Juan.—Ah! je brûle! Le feu me dévore, je meurs.

Zorrilla, lui, dans son *Don Juan Tenorio* que l'on joue chaque année en Espagne au moment des fêtes de la Toussaint, nous fait entendre des chants d'église, et lui laisse le temps de se repentir. Oh! combien le *Don Juan* de Molière, débarrassé de tout ce fatras mystico-religieux est infiniment plus humain, mourant dans l'impénitence finale et le sarcasme sur les lèvres! Un Don Juan repenti? Est-ce donc un Don Juan?

Quoiqu'il en soit de ces appréciations littéraires qui sortent absolument de notre sujet, qu'il nous suffise d'avoir retrouvé à Séville, patrie de don Juan, le palais du roi, la demeure du commandeur, et l'emplacement de l'antique, et peut être bien légendaire, sépulture des Ulloa.

L'ESPAGNE SANGLANTE

Une quadruple exécution à Jerez

Arrivée à Jerez.—L'attentat.—La mise en chapelle.—Les bourreaux de Madrid, de Séville et de Grenade.—Le 10 février avant le jour.—Le garrot.—Le dernière nuit.—Apprêts funèbres.—Résistance inutile.—En marche pour l'échafaud.—Le supplice.—Vingt minutes d'angoisse.—Deux cents personnes transformées en vingt mille.

Je connaissais Jerez pour y être venu déjà plusieurs fois, mais je trouvai ce matin-là un peu plus d'animation que d'ordinaire à la gare. La foule s'entassait dans le petit tramway qui conduit en ville, et lorsque j'arrivai à l'unique hôtel de Jerez, d'ordinaire si paisible, je fus tout étonné d'y voir un va-et-vient auquel je n'étais pas accoutumé. Bien plus, je me rencontrai là avec quatre journalistes madrilènes fraîchement débarqués, et le correspondant du *Galignani's Messenger*, qui, parlant français, mais non espagnol, s'empressa de se raccrocher à moi comme à une planche de salut.

Que se passait-il donc dans la ville, d'ordinaire si paisible, de Jerez de la Frontera? Les fameux quatre anarchistes, désormais légendaires, venaient d'entrer en chapelle, c'est-à-dire, en langue vulgaire, allaient être exécutés le lendemain matin à sept heures. Le plus grand des hasards—car du diable si je pensais aux anarchistes en venant à Jerez!—allait me rendre témoin, sans le vouloir, d'un des drames les plus sensationnels de la fin de ce siècle.

Je récapitulerai très brièvement les événements qui s'étaient deroulés à Jerez depuis un mois, pour donner plus de clarté à ce qui va suivre.

Le 8 janvier, vers onze heures et demie du soir, une bande de gens, descendus pour la plupart de la *sierra* voisine, et se proclamant anarchistes, sans avoir eu jamais la notion de ce que pouvait être ou ne pas être l'anarchie, conduits par un cordonnier Zarzuela, et un perruquier, Lamela, font irruption dans la ville endormie.

Ils arrivent donc, trombe en furie. Combien sont-ils? Deux cents à peine. Que veulent-ils? Ils ne le savent pas bien eux-mêmes.

Quelques-uns d'entre eux ont répondu le lendemain qu'ils voulaient s'emparer de la ville et s'en partager les biens séance tenante. Or la ville compte 62,000 âmes et possède une garnison. Mais ne nous attardons pas à raisonner.

A leur approche, les gardes de nuit isolés se replient. Dans la Calle Larga, au centre de la ville, un malheureux jeune homme, presque un enfant, sortait du bureau de son patron où il avait passé la soirée à mettre en ordre quelques écritures. Il tombe frappé de quatorze coups de couteau, sans provocation, sans raison. Un autre jeune homme accourt, attiré par le bruit, et subit le même sort. Un troisième se tire d'affaire en faisant voir aux assassins qu'il a aux mains des durillons. Sans cette présence d'esprit lui aussi était sacrifié comme *bourgeois*.

La meute se précipite dans la direction de la prison dans le but bien évident de désarmer le poste et de mettre en liberté les prisonniers de droit commun. Mais la sentinelle fait bonne garde, et le poste se replie derrière les grilles. Pendant ce temps l'alarme a été donnée aux casernes. La troupe accourt; plusieurs des rebelles sont arrêtés sur le fait, d'autres le sont le lendemain.

Une cour martiale est instituée. Quatre d'entre eux sont condamnés à mort, et ce sont ces quatre là que l'on va exécuter le 10 février au matin.

Pas bien intéressantes ces brutes qui poignardent des enfants dans la rue. Parmi les quatre, deux cependant semblent appartenir à un ordre un peu plus relevé: ce sont des meneurs, comme le cordonnier et le perruquier. Les deux autres ont frappé, parait-il. Ils rentrent dans la catégorie des comparses. Bref, le matin même de mon arrivée à Jerez, les quatre condamnés sont entrés en *chapelle,* après avoir écouté, l'un après l'autre, la lecture de leur sentence, et avoir été avertis que le lendemain à sept heures leur supplice aurait lieu à la porte de la prison.

Le supplice de la chapelle dure donc exactement vingt-quatre heures; le condamné, qui connait désormais le moment précis de sa mort, peut compter les heures, les minutes, les secondes qui lui restent à vivre. Autour de lui, les prêtres récitent leurs oraisons. A Jerez, cette scène se passe dans une grande salle que partage en deux parties une grille de fer: d'un côté, un autel, un christ, quatre cierges allumés; de l'autre, quatre lits, quatre sièges, quatre tables.

Les bourreaux de Madrid, de Séville et de Grenade sont arrivés. La garnison a été renforcée de deux compagnies d'infanterie; on voit des agents de police armés jusqu'aux dents un peu partout. La population est calme. Beaucoup de familles riches ont quitté la ville.

Je n'avais jamais de ma vie assisté à une exécution capitale, et malgré le hasard des circonstances qui m'amenait à Jerez un tel jour, j'avais fort peu de goût pour voir celle-là. En vain mon compagnon anglais insistait-il pour que je l'accompagnasse le lendemain matin, je restai sourd à toutes les prières, et j'allai me coucher avec la ferme intention de n'y pas aller.

Le lendemain matin, avant cinq heures, ce fut un bruit épouvantable dans l'hôtel. Tous les journalistes madrilènes se rendaient au lieu d'exécution. Impossible de me rendormir. Que faire? Attendre le jour qui ne viendra que dans deux heures à peine? La curiosité est la plus forte. L'idée de cette quadruple exécution me trotte par la tête. Dix minutes après, je suis dans la rue.

Il fait nuit noire, et la ville est déserte. Je doute, par exemple, que l'on dorme à cette heure dans toutes les maisons. Je me dirige du côté de la prison, qui se trouve située sur une toute petite place, au milieu d'un fouillis inextricable de ruelles arabes. Je m'engage dans les ruelles et je parviens à un carrefour où stationne un groupe de cinq á six personnes.

—Par ici on ne passe pas, me dit quelqu'un.

En effet, j'aperçois des sentinelles, baïonnette au canon, au bout de toutes ces petites rues.

—J'aurais dû prévoir cela, pensai-je en moi-même.

Néanmoins trois ou quatre habitants qui me paraissent ferrés sur l'entortillement de cet écheveau, s'engagent résolument dans une autre direction.

Je les suis. Il commence à faire petit jour. Le vent du matin est très frais.

Après avoir contourné la grande masse noire de la prison, enfin nous trouvons un passage libre! Sur la petite place, un piquet de cavalerie a mis pied à terre. Toutes les maisons sont hermétiquement closes. On n'est pas très rassuré, c'est évident. En face de la prison, le long des maisons, une soixantaine de personnes sont là, debout. L'éxécution étant publique, on n'a pas pu boucher toutes les issues. On nous permet de rester là.

Voyons un peu: l'édifice qui est devant nous, et qui est la prison, appartient au genre maussade, cela va sans dire; il se compose de deux étages. Au centre, une porte; au-dessus de cette porte, une plaque avec cette inscription en grandes lettres de métal:

> GUARDA LA LEY
> Y TU PIE
> NO TROPEZARÁ

«Observe la loi, et ton pied ne trébuchera pas.»

On parvient à la porte centrale par un escalier de douze marches, divisé en deux par un perron. Á gauche de ce perron, et de plain-pied avec lui, on a dressé une estrade sur chevalets, adossée au mur de la prison. Sur cette estrade, quatre poteaux que nous désignerons par 1, 2, 3, 4, et entre les poteaux de grands panneaux recouverts d'étoffe noire pour empêcher les condamnés de se voir entre eux pendant le supplice.

Je suis étonné du vide de cette place, du peu d'empressement du public, bien que l'exécution fût annoncée depuis vingt-quatre heures. Quelques retardataires arrivent encore : il y a là des messieurs, des ouvriers, des gens du peuple, mais de bonnes figures. Derrière moi, un soldat ému, fatigué ou ivre, tombe à terre. On lui retire son fusil.

Les maisons sont bien closes, mais il y a du monde derrière les jalousies. Le soleil se lève dans un ciel admirable. L'air est toujours très vif. Un coup de clairon retentit. La cavalerie monte en selle et met le sabre au clair. Les fantassins mettent la baïonnette au canon. Il est sept heures moins dix. Nous pouvons être deux cents spectateurs à présent. L'échafaud est à vingt pas de nous, en face, et nous n'en sommes séparés que par un cordon de troupes.

Les bourreaux, au nombre de trois, vêtus de jaquettes noires, sortent de la prison et montent sur l'estrade. Ils retirent leurs chapeaux qu'ils mettent sur le rebord des fenêtres. L'un est grand, rasé, un peu chauve; l'autre, de taille moyenne; le troisième est bossu.

Un groupe confus est apparu sur le seuil de la prison. Le premier condamné qui ouvre la marche est *El Lebrijano*. Il a des entraves aux jambes et les mains liées; il semble marcher d'une façon automatique, tandis que des prêtres, le long manteau noir flottant aux épaules, l'entourent. On le fait asseoir sur la banquette du poteau le plus proche, soit le n° 4. Un prêtre lui parle, mais il ne semble guère l'entendre encore.

Un jeune homme, la figure rasée, vingt-quatre ans, ayant l'aspect d'un de nos paysans bretons, arrive à son tour sur l'estrade. Il veut parler, mais on le fait taire; on l'invite à se tenir tranquille. On le fait asseoir tout au bout, au pied du poteau n° 1: c'est *Busiqui,* l'un des comparses qui ont frappé. Pendant ce temps, devant la porte de la prison, et dans un groupe, se distinguent encore deux condamnés: l'un grand, brun, portant toute une barbe noire, la figure énergique. C'est *Zarzuela,* le cordonnier. Un triste nom de circonstance, puisque ce nom signifie *vaudeville* en espagnol. Nous en sommes, hélas! à la tragédie.

Une voix vibrante, bien timbrée, se fait entendre tout à coup sur la petite place. Cette voix est la voix de Zarzuela: « Peuple de Jerez, s'écrie-t-il, nous sommes ici des martyrs! Les honnêtes gens...»

Je ne puis entendre la suite, car on l'entoure de tous côtés. Pour fermer ce triste cortège, apparaît le coiffeur *Lamela*. Celui-ci a l'air d'un monsieur. Il porte un paletot marron et un chapeau de feutre, couleur claire, à larges bords, tels qu'on les porte en Andalousie. Il semble très faible, et on lui donne à boire dans une tasse.

Avant d'aller plus loin, revenons un peu sur nos pas, et racontons en quelques mots ce qui s'était passé dans la prison. Nous avons dit que, suivant l'usage espagnol, les condamnés, prévenus de leur sort vingt-quatre heures à l'avance, avaient été mis en chapelle la veille au matin.

Le soir venu, Lamela dormait profondément; Zarzuela était couché aussi, mais éveillé; Busiqui, assis près du *brasero*, causait tranquillement avec les prêtres. El Lebrijano se tenait assis sur son lit. Vers trois heures du matin, Zarzuela prit part à la conversation: «Si quelques bourgeois savaient ce qui va se passer, murmura-t-il. Avant peu il ne restera pas une pierre debout de Cadix, de Jerez et de bien d'autres villes...»

Les condamnés, à l'exception du Lebrijano, ont à peine dormi une heure. Busiqui dit qu'il ne veut pas dormir parce que c'est sa dernière nuit. Zarzuela se montre le plus exalté de tous: «On ne m'a pas permis de faire faire mon portrait, dit-il, pour éviter la propagande; mais mon cadavre sera la meilleure des propagandes. Le nom de Zarzuela vivra éternellement dans la campagne de Jerez. »

A quatre heures, Busiqui demanda à faire un legs: il laisse sa *capa,* que sa fiancée avait chez elle, à son père. Zarzuela charge le prêtre D. Manuel Cortina de recommander à son frère que, le 13 juin, jour de sa fête, on dise une messe pour le repos de son âme. Busiqui donne à son confesseur une image de la Vierge del Carmen, au dos de laquelle il met sa signature. A quatre heures et demie, les condamnés et leurs confesseurs récitent une partie du rosaire et se préparent à entendre la messe. Busiqui et Zarzuela prennent un peu de café, ce qui—détail à noter—ne les empêchera pas de recevoir tout à l'heure la communion, l'Eglise permettant de passer outre dans ce cas-là.

A cinq heures, la messe commence. Lamela et Zarzuela, qui sont couchés, entendent la messe sans se lever. El Lebrijano est assis sur son lit et fait preuve de la plus grande dévotion. Busiqui entend la messe sur une chaise, pleure, et dit qu'il est innocent. Le Père Marmolejo administre le sacrement de l'Eucharistie aux quatre condamnés, à qui l'on donne ensuite un peu de café et du pain frit. Ils demandent ensuite du chocolat, et Zarzuela un verre de vin. Ce dernier s'imagine toujours qu'il va être fusillé.

A six heures cinq, les bourreaux entrent dans la chapelle. Le bourreau de Grenade, qui porte les cordes, marche le premier. Il se dirige vers El Lebrijano, et lui dit: «Frère, je suis l'exécuteur de la sentence que la loi t'a imposée, et je viens au nom de Sa Majesté la reine pour la remplir. Me pardonnes-tu?»

El Lebrijano répond oui.

Le bourreau fait alors la même demande à Zarzuela, qui répond: «Moi, je ne pardonne à personne.

—Que Dieu te pardonne à toi!» reprend le bourreau.

Mais la vue du bourreau lui fait en même temps apparaître le *garrot* dans toute son horreur:

—Je ne veux mourir que d'un coup de fusil, s'écrie-t-il, et non des mains d'une vieille canaille!

Les deux autres pardonnent à l'exécuteur.

Busiqui s'oppose d'abord à ce qu'on lui mette la camisole de force; il ne cède que sur les instances de son confesseur. Lamela saute au bas de son lit, et tandis qu'on lui met à son tour la camisole: «Ne te laisse pas faire, lui crie le farouche Zarzuela. Quoi! vas-tu te laisser tuer par un salarié sans vergogne, *un trabajador sin vergüenza!*»

Arrive le tour de ce dernier, qui oppose une telle résistance que les bourreaux renoncent momentanément à lui mettre la camisole. Dans la chapelle, les rares assistants sont tous profondément émus.

Cependant les bourreaux reviennent à la charge vers le lit de Zarzuela qui, debout, se tient sur la défensive.

—Je veux mourir d'un coup de baïonnette, hurle-t-il, mais je ne veux pas qu'on me mette la camisole! C'est ma volonté, et les volontés des condamnés à mort sont sacrées.

Son défenseur et son confesseur arrivent, non sans peine, à le convaincre. Il se laisse alors faire, demande une cigarette, et dit au bourreau de Grenade:

—Je veux que tu me donnes une bonne mort.

Puis il ajoute:

—Je suis attaché de tous côtés. Ainsi devait mourir Zarzuela. Il n'y a pas d'humanité, il n'y a pas de justice. Je suis innocent et je meurs. Mourir, c'est la loi. Mais les hommes sont inhumains, et n'ont de compassion pour personne!

Les condamnés se mettent en route pour l'échafaud.

Je reprends mon récit où je l'avais laissé.

El Lebrijano, le premier arrivé, le plus résigné, est assis devant le poteau n° 4. Il attend.

Busiqui, le jeune homme, a marché assez résolument vers le poteau n° 1. Il a voulu s'asseoir sans aide. On lui passe une sangle à la hauteur des coudes, et tandis que les trois hommes l'attachent fortement, le Père Nieto recommande qu'on ne le fasse pas souffrir. On lui passe au cou le carcan.

—Je meurs innocent, dit-il d'une voix assez claire, et je demande pardon à ceux que j'ai offensés.

Le prêtre lui fait baisser le crucifix, l'embrasse, et on lui recouvre la figure avec un mouchoir noir. Les trois hommes passent derrière le poteau, tournent par trois fois une manivelle. Le corps n'a pas bougé. Tout est fini.

Et je regarde ce malheureux assis toujours au n° 4. Que c'est long! Que c'est long! Puis on fait asseoir Lamela au n° 2. Il est fort pâle, mais résigné. Zarzuela s'agite, et relève la tête:

—Peuple de Jerez, dit-il d'une voix tonnante, qu'on n'aille pas dire que nous sommes des lâches! Soyez avec Dieu, vous autres! Nous, nous sommes martyrs de la cause, et c'est pour elle que nous mourons.

Pendant ce temps, on exécute Lamela.

Zarzuela rejette alors le bout de cigarette qu'il avait encore aux lèvres. On lui passe le carcan, on l'embrasse, on lui jette le voile, on l'entend dire encore:

—«Je vous vois tous, et personne ne me voit.» Et je crois comprendre: *Adios, señores!*

Ce fut tout. El Lebrijano fut le dernier. Puis les bourreaux jetèrent à terre les panneaux noirs, ôtèrent les voiles, et nous eûmes devant nous le spectacle de quatre poteaux, avec quatre hommes garrottés, assis, la face noire et convulsée, la tête légèrement penchée en avant.

Tout cela avait duré vingt minutes!

Tel est le récit exact de la quadruple exécution de Jerez, à laquelle le hasard me fit, moi seul Français, assister. Nous étions là, tous ensemble, à peine deux cents, je le répète, ce qui ne m'empêcha pas de lire, quelques jours après, dans des journaux, que l'exécution s'était accomplie en présence de plus de 20,000 personnes qui poussaient des cris de désespoir!

UN RÉVEIL DU GUADALQUIVIR

Retour accidenté à Séville.—L'inondation partout.—Ascension à la Giralda.—Le quartier de San Bernardo.—Tentative d'évasion.—Le char embourbé.—Départ pour Grenade.—Aspect général.—A la recherche de l'Alhambra.—Les trois Grenade.—Les guides et les mendiants.—La porte de la *Justicia*.—La Alcazaba et la tour de la Vela.—Souvenirs historiques.—Ce qu'on voit du haut de la tour.

Encore Huelva. Le vent souffle en tempête, le courrier n'arrive plus, et la pluie ne cesse de tomber. Le train parti de Séville, ce matin, est en détresse. On vient d'envoyer une locomotive de secours.

Craignant d'être bloqué à Huelva, car le télégraphe qui fonctionne encore nous apprend que le Guadalquivir monte toujours, je me jette au hasard dans le premier train que l'on organise. Il pleut jusque dans l'intérieur des wagons.

Vers quatre heures de l'après-midi la locotive s'ébranle. A sept heures nous croisons enfin le train venant de Séville, avec onze heures de retard! Il y a de la boue sur tous les marchepieds, la terre des remblais dégringole partout sur les voies, et nous prenons avec nous une équipe de travailleurs. Toutes les fois que la machine s'arrête, ceux-ci descendent, et déblaient le chemin à la lueur des torches. Cependant nous approchons de Séville. A partir de Camas, le spectacle devient imposant et terrifiant tout à la fois; le Guadalquivir qui, depuis trois jours, a monté de neuf mètres au-dessus de son niveau habituel, n'a plus de lit. Au lieu de suivre la boucle que fait le fleuve devant Séville, il court à travers la plaine dans la direction d'Aznalfarache avec un courant effrayant. Seule la chaussée du chemin de fer sur laquelle nous passons avec une extrême lenteur, émerge un peu au milieu de cette mer. La petite gare de Triana n'est plus qu'un îlot isolé. Tout le faubourg de Triana est bloqué par l'inondation, et lorsque nous traversons le Guadalquivir sur le grand pont de fer, nous nous apercevons que l'eau arrive au ras du tablier.

Enfin Séville! mais là un autre spectacle nous attend. Plus de voitures, plus de tramways, on a établi dans les rues des passerelles. La calle San Pablo n'est qu'un lac. Il me faut déployer une stratégie consommée pour arriver à pied sec jusqu'à la Florida où je demeure. La calle de las Sierpes, si animée, si bruyante d'ordinaire, est morne et déserte. Mais en m'approchant de mon quartier, assez éloigné du fleuve, je trouve encore de l'eau dans la calle San Esteban. On m'apprend alors que le Tagarete a débordé de son côté. Oui, le Tagarete, ce méchant petit ruisseau de rien, où en temps ordinaire les blanchisseuses ne pourraient pas laver leur linge, et où les gamins ont de la peine à se mouiller les chevilles, le Tagarete a débordé, inondant du même coup tout le faubourg de San Roque. De guerre lasse, je me remets aux mains d'un garde de nuit qui m'accompagne par des ruelles. L'eau est à quinze mètres de ma porte.

. . . .

Il ne pleut plus, mais toute espèce de travail a cessé en ville, toutes les fabriques sont arrêtées, la manufacture des tabacs dont les abords sont inondés a jeté sur le pavé ses quatre mille cigarières, et comme l'argent ne manque pas encore aujourd'hui, la ville a presque une tournure de fête; chacun veut aller voir les inondations.

L'idée me vient alors de monter au sommet

de la Giralda d'où l'on découvre dix lieues de pays à la ronde: l'impression d'un lac immense. Triana bloquée par les eaux, le cours du Guadalquivir indéfinissable, le drapeau noir flottant sur la Tour d'or, le Tagarete débordé. En ce moment même l'inondation envahit les magnifiques jardins du Palais de Saint Telme, dont une partie des murs vient de s'écrouler. Près de moi, un anglais fait sonner les cloches, et photographie le sonneur au moment même où celui-ci exécute dans le vide, au dehors de la tour, cette effrayante voltige qui a rendu si célèbres les sonneurs de la Giralda.

Mais l'andalou a ceci de particulier que, semblable aux portugais de la chanson, il est toujours gai quoiqu'il arrive. Dans les rues, les uns se hasardent sur des passerelles branlantes, d'autres vont en tombereaux. Tout ce monde rie. Passe un tramway: l'eau envahit l'intérieur. Tous les voyageurs se cramponnent, se suspendent, montent sur les banquettes. Et de rire encore plus fort. Le génie militaire dresse des barricades au bout des rues les plus menacées, et la municipalité fait saisir tout le pain qu'elle peut trouver pour en faire elle même la répartition. Il est bon de dire à ce propos que le pain se cuit d'ordinaire hors de la ville, et que les routes étant interceptées, on se trouvait sur le point d'en manquer tout à fait. Une affiche de l'alcalde invite la population au calme, et recommande de prendre des précautions en vue d'une crue encore plus forte.

Toutefois le pittoresque ne saurait être dépassé par l'aspect du quartier San Bernardo —le quartier préféré des toreros et des picadors.—De l'eau jusqu'aux deux tiers des portes du rez-de-chaussée. Une échelle dressée devant chaque balcon. Puis, sillonnant la rue, des barques, et dans chaque barque, un prêtre et deux gendarmes. Alors commence la distribution des vivres! Chaque habitant, de sa fenêtre, attache un panier au bout d'une ficelle et remonte chez lui ses provisions. A signaler aux peintres de genre deux sujets de tableau: un enterrement par une fenêtre, et le viatique aux inondés.

Le temps se recouvre comme de plus belle et il pleut encore toute la nuit.

* *

Ne pouvant rester éternellement à Séville occupé à regarder la cote de l'étiage, je me résous à partir. Mais comment? Les courriers n'arrivent plus par Cordoue depuis trois jours. Essayons une sortie dans la direction de Grenade; là, au pied de la Sierra Nevada, il n'y aura certainement pas à craindre de nouvelles inondations. Car ici je constate, en mettant un pied dehors, que l'eau a encore monté depuis hier, et que beaucoup de rues qui n'étaient pas inondées la veille le sont à présent. Qui osera se moquer encore des fleuves d'Espagne après avoir assisté à l'un de ces terribles réveils?

Le plus difficile à exécuter dans cette tentative d'évasion est assurément la première partie du projet: gagner la gare de Cadix qui est environnée d'eau de toutes parts. Nous frétons une charrette, et nous nous y entassons tant bien que mal, moi sixième, y compris le conducteur. La mule s'engage d'un pas mal assuré sur la route qui disparait entièrement sous deux pieds d'une eau jaunâtre dont le courant, de gauche à droite, est si violent, que la vue se trouble à le regarder, et que l'on finit par s'imaginer que la voiture va de travers. Tout à coup, un peu avant d'arriver au bureau d'octroi submergé, la mule prend peur et refuse d'aller plus loin. Coups, jurons, rien n'y fait. Impossible d'avancer, de reculer, ni de tourner. La voiture s'enlise dans la vase. La mule enfin se déplace, mais se met par le travers de la route. Si elle recule, nous versons sûrement dans le fossé qui borde le chemin, à présent caché par les eaux, mais dont l'emplacement est bien désigné par l'épave d'une précédente charrette déjà échouée là. Et cette position ridicule se prolonge pendant un grand quart d'heure, tandis que notre véhicule, sous l'effort du courant probablement, incline visiblement et de plus en plus sur la droite. Le conducteur alors n'hésite plus, se jette à l'eau, et nous transporte à dos sur l'épave. Cependant, de la station, les employés ont aperçu notre situation critique; l'on nous dépêche à la hâte une autre charrette, l'on nous enlève de l'épave à la façon de colis, et nous arrivons à la gare plus ou moins mouillés par la base, mais avec cette unique préoccupation: y a-t-il encore un train en formation pour partir? Car l'eau a recouvert la voie ferrée, et les quais seuls du débarcadère sont à sec.

Par bonheur, un train venant de Cadix amenait en toute hâte les marins de l'arsenal de la Carraca et nombre de barques de secours sur la demande de l'alcalde. Nous nous y jetons avec empressement, nous partons, et quelques heures plus tard la vue des *Sierras* grandioses et des rochers abrupts qui nous font pressentir Grenade, nous reposent un peu des plaines inondées par le Guadalquivir. La nuit tombe et il fait très froid. Notre train sauveteur n'a seulement que deux heures de retard!

A Grenade, le courrier de Madrid n'est pas arrivé non plus depuis trois jours. A l'hôtel où je suis descendu, et où s'entassent des voyageurs en quête de nouvelles, je commence par tenir le rôle du «Monsieur sauvé des eaux.» Tous ceux qui ont des parents, des amis, des intérêts à Séville m'interrogent avec anxiété. Je dois recommencer à chaque instant mon récit. Pourtant, il pleut toujours, et les nuages très bas nous cachent à peu près complètement les montagnes. Je ne vois donc rien, ni ne peux rien dire du pays: une grande avenue avec une église à clochers pointus qui n'a guère d'autre mérite que celui de renfermer la patronne de Grenade, la Vierge des angoisses, une Vierge en deuil qui tient sur ses genoux le cadavre de son fils.

Au bout de cette avenue, une autre, grande, longue, le *Salon*. Des petits jardins pleins de fleurs, une rivière. Il fait froid, et la pluie vous glace.

Mais où se trouve l'Alhambra? On tourne autour, et l'on ne voit rien. La pluie persiste. Eh! bien, je prends une résolution: je ferme mon carnet et ne le rouvrirai que le jour où le soleil viendra éclairer le tableau. Peut-on parler d'une chose que l'on ne voit pas?

Oh! comme j'ai eu raison de le fermer, mon carnet! Dimanche, il a fait un temps tel que je n'ai pu mettre un pied hors de l'hôtel. Puis, tout à coup, les nuages se sont dissipés, le soleil a brillé, et tout cela m'a fait l'effet d'un théâtre où je serais entré avant que les lampes électriques ne fussent allumées, et où la lumière serait venue tout à coup au milieu d'un ballet de féerie.

D'abord, comme fond de décor, l'immense chaîne de la Sierra Nevada avec ses pics éternellement couverts de neige, atteignant une hauteur de quatre mille mètres, se détachant sur un ciel d'une pureté indéfinissable, car, c'est tout l'un ou tout l'autre: ou l'on ne voit rien, ou l'on aperçoit la montagne et tout ce qui l'entoure très distinctement.

Dès l'arrivée, il est presque impossible de comprendre la topographie de Grenade. Entrons ici dans quelques explications indispensables: le centre, le cœur, les entrailles de Grenade, c'est l'Alhambra. Qu'est-ce que l'Alhambra? Une ville entière fortifiée sur une âpre colline, défendue par des ravins imposants, baignée au pied par deux rivières ou torrents, le Genil et le Darro. Est-ce tout? Que non pas. Car l'entrée de l'Alhambra doit être surtout inaccessible, et elle l'est en effet, grâce aux tours Bermejas, situées sur une autre colline, de telle sorte que celui qui veut pénétrer dans la forteresse doit nécessairement passer au fond du ravin, entre les deux escarpements. Les tours Bermejas, c'est la sentinelle qui veille à la porte du côté de l'ouest, et l'Alhambra n'a pas d'autre point de contact avec la ville que ce couloir au pied des tours.

Dans tout cela que devient Grenade?

Quelle Grenade? Est-ce la Grenade des maures, l'antique Albaycin dont les murailles du nord et des portes — telle la porte Elvira — sont encore conservées? Est-ce la Grenade d'Isabelle, de Ferdinand et de Charles Quint qui, trop à l'étroit dans la cité arabe, l'abandonne aux cactus pour s'étendre dans la plaine comme une tache d'huile? Est-ce enfin la Grenade de nos jours qui a couvert ses ruisseaux pour y élever des boulevards?

On comprendra, après cela, que l'arrivant, jeté tout à coup dans une ville quelconque de troisième ordre, se trouve un peu désorienté. Nous suivrons donc à l'aventure de larges voies qui tournent en colimaçon où une légion de mendiants sont échelonnés de trois en trois mètres de distance, et vous assomment avec leur éternel: «Dieu vous le paiera.» Des gamins vous courent après en vous criant: «Good morning!» D'autres gens équivoques vous abordent en mauvais français et vous proposent de vous faire visiter l'Alhambra; des cochers de fiacre, assez nombreux, vous offrent à tout bout de champ «une berline»; enfin un moutard m'introduit de force un bouquet de violettes dans la poche.

J'ai découvert une rue grimpante et tournante. Je la suis. Les marchands de soi-disant antiquités et de photographies se succèdent les uns aux autres. Enfin j'arrive à une porte renaissance, d'ordre toscan, sur le couronnement de laquelle je remarque trois grenades ouvertes en pierre. Ce qui me fait souvenir de la tradition qui affirme que ce nom de *Grenade* a été donné à la ville, parce que ces deux collines, avec l'entrée de l'Alhambra située au fond du ravin, font l'effet d'une grenade entr'ouverte. Si ce n'est pas cela, c'est apparemment autre chose, mais il faut bien que la légende en ait couru pour retrouver sur la porte ce souvenir.

La porte franchie, nous sommes dans un bois aux arbres gigantesques. A gauche, une colline, et sur cette colline, dissimulée par les arbres, la citadelle de l'Alhambra. A droite, sur une hauteur, les tours Bermejas toujours veillant. Ayant à choisir entre trois avenues larges et belles, aux arbres séculaires, nous prendrons celle de gauche, dont la pente est assez ardue, en contre-bas des hautes murailles de l'enceinte qui sont d'un rouge jauni par le temps. Nous arrivons à une grande fontaine renaissance, dite la «Baignoire de Charles Quint». En cette saison, une odeur de violettes parfume l'air. Nous sommes devant la *porte de la Justicia* qui va nous donner entrée dans l'Alhambra; un superbe arc arabe dans une grosse tour carrée de 20 mètres de haut, partout décrit et reproduit. Une main levée, avec l'avant-bras, sculptée au faîte. Je vous renvoie aux fleuves d'encre qui ont été écrits sur ce sujet sans rien conclure: emblème religieux, allusion aux cinq préceptes, à la force, à la justice, à tout ce qu'il vous plaira d'imaginer. Dans la frise du second arc nous trouverons une clef sculptée. Des bancs en pierre, une voûte, puis nous tournons à droite. J'oubliais une petite Vierge, dans une niche de pierre, au-dessous de la porte, et qui passe pour être un don d'Isabelle et de Ferdinand.

L'arc de sortie de la tour que l'on avait recouvert d'un badigeonnage quelconque et qui était resté ainsi défiguré, a été mis à jour par l'architecte Contreras. C'est ainsi que l'on a retrouvé des carreaux émaillés à reliefs d'un magnifique dessin. Deux artistes, assis sur des pliants, peignent des aquarelles. Le sujet est charmant.

Nous avançons alors entre deux murailles de briques. Le faîte de la muraille de droite est égayé par une rangée de pots de fleurs énormes, suivant l'usage de Grenade. Tout à coup, nous débouchons sur une vaste terrasse, l'ancienne place d'armes convertie en jardins. Devant nous, au delà du ravin, l'Albaycin, ou vieux Grenade. A droite, le palais de Charles Quint inachevé — nouvelle Cour des Comptes aux fenêtres béantes, sans planchers ni toiture. — Quatre murs chargés de leurs bas-reliefs, de leurs écussons, et renforcés par des colonnes. Derrière ce palais, dans un coin presque invisible, l'entrée du palais arabe. Enfin, à notre gauche, la Alcazaba, ou citadelle.

La Alcazaba, partie la plus ancienne, remonte, dit-on au ixe siècle. C'est une enceinte dans une enceinte: malheureusement une partie des tours qui regardent la place des Algibes, ou citernes, a été détruite par les français qui occupèrent la citadelle pendant la guerre de l'Indépendance, et qui les firent sauter en partant. Nous traversons donc la cour de la citadelle, et nous nous dirigeons vers la tour de la Vela, le point culminant de l'Alhambra.

Ce qui me plait, dans l'Alhambra, c'est que l'on peut s'y promener à l'aise, et y rester tant que l'on veut. Le monument ayant été déclaré monument national, l'entrée en est libre et gratuite, et si vous avez pu vous débarrasser dès l'entrée des pseudo-guides, des interprètes, des gamins et des mendiants, si vous avez pu même éviter le «vieux type» habillé en Fra Diavolo, si vous avez pu fuir son grand chapeau pointu de velours noir, destiné à attirer les regards de l'étranger naïf, vous êtes alors sauvé, et votre bonheur ne connait plus de bornes.

Me voici donc dans la Alcazaba: un homme

puise de l'eau à un puits pour arroser un petit jardin. Des enfants jouent près de la margelle. Je demande si l'on peut monter sur la tour de la Vela; on me répond que oui. C'est une grosse tour carrée surmontée d'une vaste plate-forme. En haut, suspendue, une grosse cloche. C'est l'ancienne tour du Giafar, dont la cloche eut toujours pour mission, à travers les âges, de sonner le tocsin en cas de danger imminent. Je vois par la lecture d'une inscription qu'on l'a changée de place, qu'elle fut un jour frappée par la foudre, mais je copie surtout ce qui suit. pour le plus grand intérêt historique de la tour du Giafar, ou de la Vela :

«Le jour 2 Janvier de l'an 1492 de l'ère chrétienne
Et 777 de la domination arabe,
La victoire remportée, et la ville livrée
à L. L. M. M. les Rois catholiques,
On plaça sur cette tour, une des plus élevées de cette forteresse
Les Trois Etendards, insignes de l'armée castillane
Et en arborant, le Cardinal Gonzalez de Mendoza
et D. Guttierre de Cardenas,
Les saintes bannières,
Le Comte de Fendilla agita l'Etendard royal
Tandis que les Rois d'armes disaient à hautes voix :
«Grenade, Grenade, pour les illustres Rois de Castille
D. Ferdinand et D˟ Isabelle.»

Regardons à présent autour de nous: nous jouissons d'un des panoramas les plus beaux qu'il soit possible de voir. Nous sommes adossés à la Sierra Nevada, toute blanche, étincelante sous le soleil. Devant nous, une plaine immense, entourée de montagnes, telles que la chaîne d'Elvira. C'est la *Vega* de Grenade, c'est à dire la plaine fertile et arrosée. A nos pieds, remparts, bastions, ravins, bois épais; les palais entassés; les trente et quelques tours de l'Alhambra. Rappelons, en passant, que la vieille muraille arabe dont nous apercevons les fragments au nord de l'Albaycin, en avait mille trente! Puis, les trois Grenades: à droite, au-delà du Darro, l'Albaycin avec ses ruines mauresques et ses cailloux pointus; d'arides coteaux où poussent les cactus, et çà et là, des trous noirs. Ce sont les entrées des caves, ou cavernes, où grouillent pêle-mêle les *gitanos;* devant nous, la Grenade d'Isabelle et de Charles Quint, la Cathédrale aux proportions colossales, les tombeaux d'Isabelle, de Ferdinand, de Jeanne la Folle et de Philippe le Beau; enfin, les larges trouées de la Grenade moderne, et, plus loin encore, dans la *Vega*, d'innombrables villages où fume, çà et là, la cheminée d'une sucrerie. Tout près de nous, c'est

Atarfé; et, se dissimulant derrière un coteau, Pinos-Puente, dont le pont devrait à jamais être immortalisé, puisque c'est sur ce pont que l'envoyé d'Isabelle rejoignit Colomb triste et découragé pour lui faire faire volte-face et le ramener auprès de sa souveraine. C'est Santa-Fé, blanche agglomération dans la plaine, ancien campement des Rois Catholiques assiégeant Grenade, et dont les premières pierres furent posées par eux.

Et nous nous reportons un instant par la pensée au temps des maures: les voilà donc ici, dans leur forteresse invulnérable, grandiose décor d'opéra couronné par les neiges éternelles. Partout, sous ces hautes murailles, des bois, des fleurs, des fruits exquis. Devant eux la plaine fertile. Mais comme toute grandeur orientale ne va jamais sans une idée de volupté, là, tout auprès, dans l'Alhambra, la Cour des Myrthes, le Bain des Sultanes, le Harem. Puis là-bas, sur le coteau vis à vis, ce paradis terrestre, cette maison de campagne du Généralife! C'est tout à la fois un nid d'aigle, et un boudoir. Hercule y file aux pieds d'Omphale. Mais, halte là! La vedette du Giafar a signalé un nuage de poussière à l'horizon: c'est un parti d'hommes d'armes à n'en point douter.

Ils s'avancent, la lance au point, montés sur leurs lourds chevaux caparaçonnés. Leurs étendards bariolés flottent au vent, et les boucliers étincellent au soleil. Ils poussent des cris de guerre que répercutent les échos de la montagne. Aux armes! Aux armes! La cloche du Giafar sonne le glas funèbre, et le sultan s'arrache aux douceurs d'une lourde journée; il quitte lentement mais gravement le bain parfumé et l'appartement de ses femmes qui l'engourdissaient mollement au son des harpes et des versets chantés.

Deux espagnols qui, selon toutes probabilités, doivent être des professeurs, sont aussi là en contemplation. L'un d'eux, un livre ouvert à la main, debout en face de ce panorama sublime, fait la lecture à son compagnon; mais à voir son geste, sa chaleur, son «emballement» je devine sans peine qu'il ne s'agit là ni de la lecture d'un guide, ni de celle d'un livre d'histoire: c'est une poësie qu'il déclame. Et quel cadre merveilleux pourrait-il mieux choisir?

Mon arrivée les a un peu troublés, mais comme je me suis plongé moi-même dans une longue extase muette, ils ne s'occupent plus de moi, et continuent. Dieu me garde d'aller me jeter au travers de leurs rêveries!

Les gens de cette espèce deviennent si rares!

Et pendant ce temps une brise parfumée où l'emporte l'odeur pénétrante des violettes nous frappe en plein visage. Grenade! N'est-ce pas un rêve des mille et une nuits? Je ne connais rien de plus grandiose.

DE GRENADE À MALAGA

Les excursionnistes-éclairs.—Ce qu'on voit encore dans l'Alhambra.—Les tours de l'enceinte et la Porte de Fer.—Plaques commémoratives.—Fortuny et Henry Régnault.—Le Généralife et ses jardins.—Le quartier des *gitanos*.—Promenades dans les rues de Grenade.—Malaga et sa poussière.—A la recherche d'un annuaire.—Une malle égarée.—Nonchalance des habitants.—Coucher de soleil vu de *la farola*.—Le vin de Malaga et *l'arrope*.—Les *pasas*.—La vieille ville.—Apathie incurable.—Le théâtre par section.—Désagréments et avantages du système.—Une chasse au lapin peu réussie.

A dire vrai, je n'ai pas visité le palais de l'Alhambra le même jour; il y a une somme d'impressions que l'on ne doit pas dépasser. Mais que de réflexions je me faisais en regardant ces malheureux anglais qui galopent toujours! On dirait le plus souvent qu'ils ont des patins à roulettes aux pieds. Les femmes poussent périodiquement les «beautiful» réglementaires, et les hommes, coiffés de casquettes invraisemblables, fument leurs pipes. Le programme d'une seule de leurs journées contient de quoi rendre fou le moindre des observateurs. Si jamais le fameux cliché « Times is money » est de circonstance, c'est bien assurément appliqué à ces excursionnistes-éclairs dépêchés par la blonde Albion — ancien style.

Vous ne m'en voudrez pas, à présent, si je m'arrête sur le seuil de l'Alhambra... pour deux raisons. La première c'est que je me suis formellement engagé à ne parler ici que de ce qui pouvait être peu connu; la seconde, c'est qu'il n'est pas permis de parler de l'Alhambra après les maîtres du genre, Théophile Gautier et... les autres.

Nous laisserons dormir d'un tranquille sommeil la cour des Myrthes, la cour des Lions, dont la petitesse tout d'abord nous étonne puis nous charme, la salle de la Barca, la salle des Abencérages, celle des Dos Hermanas, le *tocador*, le *peinador* et le *mirador* de la Reine, la salle de *las ninfas* et tant d'autres! Tout cela est classique, archidécrit, mais que de recoins délicieux: les petites cours toutes remplies d'orangers qui montent si haut que les cimes atteignent le toit, et que du balcon du premier étage on peut atteindre l'orange avec la main, et cette salle de bains, dont la restauration complète aura été une des gloires de M. Contreras: un filet de lumière se glissant par des trous ménagés en forme d'étoiles dans les tuiles vernissées de la toiture pour éclairer les marbres blancs, les mosaïques, les carreaux émaillés et les colonnettes; au premier une galerie à jour à balcons d'or où se plaçaient les musiciens.

Après la citadelle, après le palais arabe, il y a encore à voir tout le reste de l'intérieur de l'enceinte, partie dont on s'occupe beaucoup moins, et qui ne manque pas pourtant d'un certain charme: j'y ai trouvé des ruelles avec de petites maisonnettes entourées de jardins comme aux environs de Paris. Enfin j'arrive au *secano*, mot à mot champ qui n'est arrosé que par les pluies. A la place des habitations de jadis, ou d'un camp, un verger.

Puis au milieu des figuiers, des ronces et des rosiers sauvages, ce sont les grosses tours de la muraille qui nous attirent; mais combien de volumes faudrait-il pour conter l'histoire de chacune d'elles, depuis celle des Infantes, dont l'intérieur n'est autre chose qu'un merveilleux palais arabe, entièrement refait à neuf, jusqu'à la Tour de la Captive, fort habilement réparée elle aussi? Les vues dont on y jouit sur le ravin, sur les cactus, sur la campagne, sur le site voisin que Chateaubriand comparait à la fontaine de Vaucluse, sont admirables; un peintre, assis dans la Tour de la Captive, reproduit en ce moment la tour voisine.

S'il n'est pas fort aisé d'entrer dans l'Alhambra, il n'est pas précisément facile d'en sortir, car il faut être vraiment renseigné pour aller découvrir sous la tour *de los Picos* la Porte de fer qui conduit au Généralife.

J'ai entendu dire beaucoup de bien et beaucoup de mal du Généralife; certains m'ont avoué qu'ils ont éprouvé une déception. A ceux-là je me contenterai de répondre qu'ils ont péché par ignorance. Il est clair que si vous allez voir une Exposition de peinture avec l'idée d'y trouver des Eugène Delacroix et que vous n'y voyez que des Chardin vous serez un peu déçu. Mais ne vous en prenez qu'à vous-même si, en voyant le nom de ce peintre sur le catalogue, vous ignoriez à quel genre il appartenait. Le Généralife n'est pas un palais, c'est une maison de campagne. Ne le jugeons pas autrement. Il n'est jamais venu à personne, j'imagine, l'idée de comparer le Petit Trianon avec le palais de Versailles. Or, tout le charme inexprimable du Généralife vient de ses jardins et de ses eaux, comme de l'endroit où il se trouve. Quant à l'édifice par lui-même, je vous l'abandonne de grand cœur. Il est certain que le premier bourgeois venu retiré des affaires après fortune faite, possède mieux que cela à Chatou.

Et voilà pourquoi je dirai seulement quelques mots du Généralife, trop encensé ou trop décrié, à mon sens, parce qu'il a été souvent mal compris.

D'abord deux souvenirs que je relève, parce que je ne les ai vu figurer sur aucun *guide:* sur les murs de l'hôtel de Rome, et sur le chemin même de ce Généralife où je vous conduis, deux grandes plaques commémoratives, avec les inscriptions suivantes (la première en espagnol, et la seconde en français):

FORTUNY
habita dans cet hôtel
depuis le 10 Juin 1870
jusqu'au 30 Octobre 1871.

. . . .

HENRI REGNAULT
habita ici en 1869-70
tué le 19 janvier 1871
à Buzenval.

Puis, après avoir traversé une véritable colonie anglaise établie en cet endroit, nous arrivons à une grande grille fermée avec une chaîne et un cadenas. Nous sonnons, une femme vient ouvrir, et nous voici dans une allée de cyprès, bien sablée. Au bout de cette allée, un coude à gauche: autre allée de cyprès, gigantesques ceux-là. Une maison hermétiquement close où l'on ne voit que des murs. Je pénètre sous une espèce de voûte au bout de laquelle il y a un jardin. Là, une blanchisseuse, mais un type extraordinaire échappé d'un tableau de Fortuny, lave son linge sans avoir l'air de se douter même qu'elle est si belle. Elle m'indique une sonnette où je dois encore me suspendre. Voilà bien des mystères pour pénétrer dans une maison qui ne doit cependant plus être un harem.

Un jardinier apparait enfin:

—Avez-vous une carte?

—Une carte d'entrée?

—Oui.

—Aucune. Mais je connais le gouverneur de l'Alhambra.

—En ce cas, passez.

Et me voici dans un jardin délicieux rempli de pièces d'eau. Ce jardin, sur la droite, s'étage en terrasses remplies de fleurs dont le parfum embaume, ainsi que d'orangers aux proportions colossales. A gauche, une série d'arcades aux colonnettes légères avec vue sur l'Alhambra. Au fond, des salles arabes.

—Cette propriété, me dit le jardinier qui m'accompagne, n'appartient pas à l'Etat, comme l'Alhambra, par exemple. C'est une propriété particulière de la famille Palavicini de Gênes. Mais ceux-ci n'y sont pas venus depuis treize ans.

Tout est mignon et coquet dans ces jardins du Généralife. Les ifs taillés suivant la mode du grand siècle affectent tous des formes bizarres. Les salles sont pleines d'ombre et de fraîcheur, et de toutes l'on embrasse des panoramas ravissants. Nous montons de terrasses en terrasses dans les jardins. Ce ne sont partout que jets d'eau, ifs taillés, cyprès énormes, dont l'un, monstrueux, passe pour avoir mille ans. Quoiqu'il en soit, il est bien certain qu'il était là du temps des maures. Du belvédère, nous embrassons d'un coup d'œil l'imposante masse de l'Alhambra.

Et c'est tout?

Oui, c'est tout: fleurs, jets d'eau, salles ombreuses, charme envahissant et inexplicable, la Sierra Nevada au fond, une atmosphère diaphane, un soleil ardent et de grands cactus. Un nid d'amoureux accroché au flanc d'un coteau abrupt. Libre à vous, à présent, d'en revenir désillusionné en vous écriant, comme je l'ai entendu dire: Eh! quoi! le Généralife, ce n'est que ça?

Je suis resté huit jours pleins à Grenade, et je soutiens que je n'ai rien vu. Et cependant j'ai rencontré bien des touristes qui, suivant l'inflexible programme, allaient voir la cathédrale à 10 heures, l'Alhambra à 10 heures un quart, le Généralife à 11 heures, et l'Albaycin à midi! Un jour, je m'en allais flâner au fond du ravin, sur les bords du Darro, d'où je contemplais, sans jamais me lasser, les cimes du vieil Alcazar. Un autre jour, je m'engageais sur le chemin cailloux qui passe au pied des tours, et, suant à grosses gouttes sous un soleil toujours ardent, je me plaisais à retrouver la petite entrée dérobée qui se trouve au pied de la tour des Picos. Une autre fois, j'allais à l'aventure dans le quartier des *gitanos*. A la porte de leurs cavernes creusées dans le roc, du linge qui sèche, des enfants couleur chocolat courant tout nus dans les ruisseaux, des femmes étranges allant chercher de l'eau au puits, et en face d'eux, l'Alhambra, toujours. Puis je me perdais dans les ruelles du vieil Albaycin, la ville arabe par excellence, telle qu'elle était il y a cinq cents ans. Un jour, un âne vint à passer par là avec de l'herbe sur le dos; je ne savais plus où me mettre: la rue n'était pas assez large pour nous deux.

Une promenade à travers les rues de Grenade est excessivement curieuse, car on y découvre à chaque pas quelque fragment de l'époque arabe ou de celle de la Renaissance: la maison du Grand Capitaine, la *Casa del Chapiz,* vingt, trente, cinquante autres. Mais, ceci dit, je vous concède sans peine que la ville n'est pas belle, que les pierres sont pointues, que les rues sont malpropres, et les mendiants légion, plus acharnés encore autour d'un voyageur que les mouches du marché de Valence autour d'un *turron* (1).

Et ce coin de l'ancien hôtel de ville, à côté de l'entrée de la chapelle des Rois Catholiques! C'est aussi beau que le vieux Rouen! Mais on remplirait des pages et des pages à parler de Grenade; la description seule de la

---

(1) Sorte de nougat, fait d'amandes, de noisettes, de sucre et de miel.

cathédrale avec les chefs-d'œuvre et les souvenirs historiques qu'elle renferme pourrait remplir facilement un volume. A noter, toutefois, comme particularité, une Vierge allaitant l'Enfant le sein découvert. Rien de plus naturel, ni surtout de plus maternel, mais le fait est assez rare dans l'iconographie religieuse pour être signalé aux chercheurs.

* *
*

J'ai quitté Grenade pour Malaga que j'ai retrouvé avec ses rues mal entretenues et sa poussière, sa nonchalance et sa malpropreté. Une première fois déjà je m'étais morfondu quatre ou cinq jours dans cette ville par suite de la perte de mes bagages qui avaient pris une autre direction, et voici que cette fois encore je devais y faire un stage par suite de la non réception d'une lettre chargée que l'employé des postes gardait obstinément dans son tiroir. Chemin de fer ou poste, je ne puis franchement, malgré tout mon bon vouloir, garder une impression favorable des services administratifs de Malaga. Le train qui m'amène arrive avec deux heures et quart de retard, la Compagnie me déclare qu'elle n'est pas responsable de ma malle, et lorsque, installé à l'hôtel, je demande à consulter un annuaire de la ville, un Bottin quelconque, on me fait cette réponse typique: «qu'un voyageur l'a emporté.»

Ne me tenant pas pour battu—et ces petits détails n'ont pas d'autre objet que de vous donner une idée de l'ordre qui règne dans cette région—je me rends dans les principaux cafés de la ville où je réclame régulièrement l'annuaire avant de m'asseoir. Ma demande paraît fantastique; aussi n'ai-je plus d'espoir qu'en un imprimeur qui ne peut pas me renseigner. Un libraire charitable veut bien me prévenir qu'il n'existe pas d'annuaire pour l'année, mais que je trouverai le Bottin général d'Espagne au Cercle Mercantil; je m'empresse de le remercier. Croyez-vous que ce soit fini? Au Cercle Mercantil où ma curiosité paraît étrange, on me conduit dans une bibliothèque assez belle, mais où cet ouvrage est aussi inconnu qu'une plante sauvage des antipodes. Un garçon de salle, fort complaisant, m'emmène alors dans un réduit où l'on jette des vieux papiers, et où je trouve enfin trois annuaires dont le plus neuf avait sept ans de date!

—Allez au *Liceo,* me dit-on. C'est un cercle privé fort bien agencé. Vous y trouverez sûrement un annuaire plus frais.

Et le fait est que le petit groom m'apporta un annuaire qui ne remontait seulement qu'à deux ans!

Ceci est un exemple pris entre cent. Quant aux noms des rues, je m'engage à offrir un lapin savant à quiconque pourra me dire comment elles s'appellent, ou à celui qui découvrira seulement une plaque indicatrice au coin d'une place ou d'une rue après une demi-heure de recherches.

Tous ces petits ennuis de route, qui me firent souvenir du mot profond de l'interprète d'Utrera, digne pendant du chef de gare du *Train de plaisir* d'Hennequin: «Est-ce que l'on voyage aussi en Espagne avec une malle! On a une valise que l'on porte toujours avec soi». Toutes ces contrariétés, dis-je, me firent voir Malaga sous un triste jour. Certes, je reconnais avec plaisir que le Paseo de la Alameda est peut-être un des plus beaux de toute l'Espagne, que la rue nouvelle qui relie cette promenade à la Place de la Constitution rappelle la rue du Quatre Septembre à Paris, que le soir, à la lumière électrique, avec la devanture des magasins splendidement illuminée, tout cela prend très grand air, et que la Cathédrale, fort belle, fort vaste et fort claire, me fait l'effet de l'église Saint Sulpice, mais d'un Saint Sulpice agrandi et surélevé. Toutefois je ne pourrai m'empêcher de dire qu'à Malaga, plus que partout ailleurs en Espagne, règnent un engourdissement, une fainéantise, un laisser-aller, une incurie inconcevables. Voyons plutôt autour de nous: dix heures du matin fin septembre; une bonne brise de mer vous fouette le visage et vous stimule; des hommes sont vautrés tout de leur long et dorment sur les bancs de pierre de la place; le cireur de bottes—un vieux nègre—tous les cireurs de bottes ici sont nègres—somnole sur un escabeau à la porte du café. Nous sommes dans le pays de la *Belle au bois dormant*—probablement.

A cinq heures du soir Malaga sort de sa torpeur. On va prendre le frais sur le bord de la mer, et des gens assis sur un parapet vous regardent passer. Quelques équipages suivent la même route dans la direction de la *farola,* ou phare, grosse tour ronde et blanche que l'on voit là-bas. Les dames de la bonne société ne dédaignent pas d'y venir, mais, vues ainsi à la lumière crue, elles nous paraissent toutes horriblement plâtrées et fardées.

Le soleil se couche en ce moment derrière les montagnes qui ferment l'horizon de Malaga du côté du nord-ouest, et le tableau vaut la peine d'être décrit. Le soleil, lui, ne se voit plus, mais il se reflète sur un gros nuage en mer, et ce nuage, devenu rose à la façon du ciel un soir d'aurore boréale, colore la mer à perte de vue, tandis que la côte nord, qui se déroule bien éclairée encore, avec ses jolies maisons blanches échelonnées le long d'une mer bleu-foncé, sur les bords, nous rappelle ces tableaux de diorama que l'on est habitué à voir sous la dénomination invariable de «golfe de Naples».

De la pointe de la *farola,* à l'extrémité de la jetée, faisons une volte-face sur nous-même et regardons droit devant nous: à gauche, le port de Malaga, nouvellement agrandi, avec ses vapeurs tout fumants; en face de nous la ville, d'où émerge une masse gigantesque: la cathédrale; puis, à droite, au-dessus des vieux remparts, un mamelon où les maisons s'étagent, et couronnant le tout, le château fortifié et crénelé de Gibralfaro.

La teinte rose a disparu pour faire place à une teinte jaune-pâle. A présent tout est jaune. Mais les crépuscules sont très courts sous cette latitude. Je regagne la ville; il fait nuit.

La ville de Malaga est décidément remplie de contrastes. A coté de quartiers sordides voici, le soir, des rues dix fois mieux éclairées que les rues de Paris ou de Madrid, de luxueux étalages, une profusion de magasins et de bazars disposés avec goût. Sur la promenade de la Alameda passent et repassent de jolies toilettes claires; mais si, par contre, je demande à l'un des garçons du premier café de la ville quelle est l'heure du départ du courrier de Madrid, celui-ci me regarde étonné, abasourdi d'une telle demande, et va, sur mes instances, interroger la marchande de tabacs d'à-côté qui a une boite de levées dans son bureau. Celle-ci qui ne s'est jamais préoccupée d'un détail semblable, confond le matin et le soir, et donne une fausse heure au garçon. Tout cet ensemble, je l'avoue, n'est pas sans me déconcerter, car on allie difficilement des preuves évidentes d'une civilisation du XXe siècle avec la nonchalance arabe du XVe. Un détail: l'horloge extérieure de la gare est *peinte avec ses aiguilles* sur le mur. Dans ces conditions là, comment voulez vous que l'on se soucie de l'heure qu'il est?

Je ne pouvais venir à Malaga sans me faire expliquer la fabrication du vin de ce nom, car le vin de Malaga, à l'état naturel, est toujours blanc et doré, et non pas noir comme nous sommes habitués à le voir chez tous les pharmaciens de France et de Navarre. Il importe donc de savoir comment et pourquoi on le colore, et voici ce que j'ai appris dans les caves mêmes.

La fermentation du Malaga est beaucoup moins longue que celle du vin de Jerez; quant à sa force elle varie entre 14 et 15 degrés; mais le vin de Malaga se colore avec de l'*arrope*, et la raison que l'on m'en donne est que cet *arrope* ronge le fer pendant sa cuisson, de telle sorte que le vin dans lequel on le mélange ensuite contient de ce fait des propriétés ferrugineuses et reconstituantes.

Qu'est-ce donc, à présent, que cet *arrope?*

On fait cuire 36 ou 40 heures du moût de vin dans une chaudière en fer à feu direct. Ce moût se transforme en sirop ou *arrope* à 30 degrés de densité. Or, par chaque 500 litres on ajoute 24, 30 ou 36 litres d'*arrope* selon la couleur et le goût sucré que l'on veut obtenir. C'est le vieux procédé des arabes qui avaient, comme on sait, un penchant très marqué pour les vins cuits.

On me conduit aussi à la campagne, pour me faire assister à la fabrication des *pasas,* ou raisins secs, si renommés à Malaga. On choisit un terrain en pente, exposé au midi, puis le raisin, cueilli par grappes, est alors placé sur une couche de *sable noir* qui recouvre ces plans inclinés, le noir étant le meilleur conducteur connu de la chaleur. Puis, le soir venu, on recouvre ces emplacements soit avec des planches, soit avec des toiles de tentes pour éviter aux *pasas* l'humidité de la nuit, et surtout la rosée du matin.

Au bout de quelques jours la grappe verte est devenue jaune, en attendant qu'elle soit noire. On la recueille alors et on la dispose avec soin dans des boîtes ou caisses destinées à l'exportation. Mais l'on me fait observer que ce raisin est choisi le plus souvent dans le raisin de deuxième fleur, celui de première fleur ayant plus de jus et de force alcoolique, et convenant par conséquent mieux à la fabrication du vin. La France préfère recevoir ses raisins secs en grappes. L'Angleterre ne les veut qu'en grains.

Décidément, si l'on excepte le pasco de la Alameda, où l'on ne sent pas toujours l'odeur de la rose, car on ne nettoie que bien rarement la place où stationnent les fiacres, si l'on excepte encore la nouvelle rue avec son pavé de bois et ses trottoirs dallés, je ne vois guère d'endroit décent pour mettre le pied. Dans l'avenue des casernes, qui mène à la gare, il y a des ornières de cinquante centimètres pour le moins de profondeur, et cela à chaque pas. Le lit de la rivière, qui est à sec, est un dépotoir, un réceptacle d'immondices. Et une poussière! On ne voit jamais arroser. Dans les faubourgs, des enfants de dix à douze ans, entièrement nus, courent à travers les rues. Ils n'ont peut-être jamais été débarbouillés de leur vie.

Je suis allé dans la vieille ville: supposez des remparts et des tours de différentes époques disposés en gradins, abandonnés, démantelés, croulant, et dans les ruines desquels des gens se sont ménagé des habitations, ou pour mieux dire des bouges. Un campement de bohémiens, hideux et puant, sous un soleil de feu, avec la mer comme vis-à-vis. Galets pointus, ornières, excavations profondes; de parapets nulle part; les enfants, nus toujours, la tête au soleil. Et quel soleil! Des briques qui s'effritent de vieillesse au-dessus de votre tête, des pans. de murs branlant. J'imagine qu'il ne doit pas y avoir de propriétaire (!) et que tout ce monde là se resserre comme il peut l'un contre l'autre. On vide les ordures devant les portes; inutile de dire qu'elles y restent. Quant aux négresses, assez nombreuses, elles ont toutes, comble d'ironie, des fleurs d'une blancheur immaculée piquées aux cheveux.

Aujourd'hui j'ai voulu faire une expérience. Je suis entré dans un grand café sur la place de la Constitution, et je me suis assis, bien en vue, résolu à demander un café et un journal si l'on venait à s'occuper de moi, mais décidé à m'en aller sans avoir frappé dans mes mains, suivant l'usage. Et j'ai eu ce spectacle: un garçon—celui qui aurait du me servir, couché tout de son long sur la banquette de velours du café, vis-à-vis le patron assis dans son comptoir, tout cela malgré la présence de cinq clients dans l'établissement et de deux autres garçons bayant aux corneilles. Au bout de dix minutes je suis parti.

J'ai causé avec quelques gros commerçants de la ville habitués à brasser des affaires un peu dans tous les pays.

—Que voulez-vous? me disent-ils. Ici, l'on ne peut pas tirer les habitants de leur apathie. Si nous avons le malheur de commander une machine quelconque ou un appareil à un fabricant de la ville, il nous faudra l'attendre un an ou deux. Assurément, les gens bien élevés sont fort aimables. Vous avez pu vous en convaincre. Mais le peuple est brute et sauvage. La populace, sordide, se répand en gros mots; les termes grossiers sont monnaie courante. On n'a jamais rien fait pour les instruire. Enfin croiriez-vous que Malaga n'a pas un corps de pompiers organisé, et que le peu de pompiers volontaires qui existent n'ont même pas un matériel convenable à présenter? Quand il y eut le feu dans une maison de la plaza del Circo, la maison resta deux heures sans secours et sans eau et quatre personnes périrent dans les flammes.

Un médecin me dit encore: «Que pensez vous de Malaga?»

Moi, fort embarrassé, je réponds: «Un fort beau climat!»

Et lui, simplement: «Oui, mais nous avons quelques rues *un peu négligées.*»

Ce matin je cherchais une adresse, et j'étais arrivé, sans le savoir, à vingt cinq mètres de la maison où j'allais. Je regarde sur l'indicateur des rues: le nom manque. J'avise un agent de police:

—La rue Malpica, s. v. p.?

Il me regarde:

—La rue Malpica? Attendez donc! Je connais ça.

Et machinalement il regarde en l'air.

—Ne cherchez pas. Il n'y a de plaque nulle part.

—Eh! bien, tournez à droite, et ensuite vous verrez à gauche.

—Merci.

C'était le contraire qu'il fallait faire.

Ne trouvant pas, j'entre chez un épicier.

—Connaissez-vous la rue Malpica?

—Non.

—Mais c'est tout près d'ici.

—C'est possible. Voyez la première rue...

Une vieille femme entend la conversation.

—Attendez! Je vais vous conduire.

C'était à cinquante pas de là, et la maison que je cherchais recouvrait avec ses magasins 6,000 mètres carrés de superficie!

*
* *

J'ai tâté hier soir du théâtre *par section,* ou par acte, si vous préférez. Cette mode, je le sais, se pratique aussi à Madrid; mais je ne veux pas quitter l'Espagne sans en parler.

Les spectacles coupés sont fréquents en Espagne; dans certaines villes on va même au spectacle très tard, à dix heures et demie, par exemple. Alors on paie *par acte.* Mais je doute fort que cet usage s'implante jamais à Paris. Nous en examinerons tour à tour les inconvénients et les agréments, en commençant par les premiers.

Il faut naturellement tout un système de talons numérotés, avec autant de talons que d'actes, et l'on entend au guichet des conversations dans la genre de celle qui va suivre.

—Avez-vous un fauteuil d'orchestre pour la première et la seconde section?

—Voici, monsieur, le n° 32 pour la première, et le n° 54 pour la seconde.

—Ne puis-je donc avoir le même pour les deux?

—Non, monsieur, le n° 32 est pris pour la seconde, et le 54 pour la première. Vous en serez quitte pour changer de place.

De telle sorte que si l'on veut assister aux

quatre actes, il faut bien s'assurer si l'on vous donne le même numéro pour tous les actes. Voilà, à mon avis, le désagrément le plus grave; il est vrai, qu'en revanche, on y trouve des compensations. Combien de fois vous est-il arrivé, par exemple, à dix heures du soir, d'avoir envie de terminer votre soirée au théâtre, et de n'avoir pas mis ce projet à exécution parce qu'il ne vous plaisait pas de payer à cette heure-là le prix d'un fauteuil pour toute la soirée?

Combien de fois aussi avez-vous reculé à la porte d'un théâtre devant le perspective d'aller vous coucher à une heure du matin?

Combien de fois enfin avez vous eu envie de revoir un acte préféré, et avez-vous hésité parce que le reste du spectacle vous assommait?

Je ne vous citerai que mon cas, hier soir.

J'avais entendu déjà la Concha Martinez à Barcelone, et j'en avais gardé bon souvenir. Il me plaisait vraiment de l'entendre encore dans un acte. D'autre part, la chaleur était accablante, et je me souciais peu d'aller m'enfermer au théâtre toute une soirée. Je consulte donc l'affiche, qui me dit:

A huit heures et demie, telle pièce.

A neuf heures et demie, telle autre.

Le nom de Martinez figurait dans la seconde section. Je suis allé à neuf heures et demie au théâtre, mais à dix heures et demie j'étais dans la rue. Ne trouvez-vous pas la combinaison fort jolie?

Renvoyé à la commission d'examen.

Enfin, c'est aujourd'hui dimanche, et il va falloir passer sa journée. Or, pour toute distraction, il y a une représentation à la *plaza* dont je copie l'affiche textuellement:

«On transformera l'arène en une montagne. On y mettra 150 lapins. Les propriétaires de chiens (ici, désignation des races) pourront amener leurs chiens pour cette chasse.»

A trois heures et demie le cirque est plein.

Après une longue attente, on apporte des bottes d'herbes sèches que l'on sème çà et là sur la piste. Cela remplit un bon quart d'heure encore, mais ce que l'on attend ce sont les lapins. Seulement les cent cinquante lapins de l'affiche se trouvent réduits à une quinzaine de malheureux lapereaux pas plus gros que le poing que l'on cache tant bien que mal sous les touffes d'herbes. A un signal donné on lâche les chiens, et les chiens n'ont nullement l'air de se douter de ce qu'on leur veut. Mais voilà les maîtres des chiens qui s'impatientent, et qui, malgré les efforts reitérés de l'imprésario, enjambent la balustrade, descendent dans l'arène, se promènent parmi les bottes d'herbes, invitent leurs chiens à chercher. Pourquoi pas tout de suite leur mettre le nez dessus? Le public crie, les voyous dégringolent les gradins, et l'on peut voir alors sans se déranger:

1° Les voyous culbutant les touffes d'herbes et se battant entre eux pour voler les lapins.

2° Les chiens ahuris se sauvant où ils peuvent avec la queue entre les jambes.

3° Les patrons des chiens hurlant, sifflant, appelant, faisant le coup de poing contre l'envahisseur.

4° Les agents de l'autorité arrivant à leur tour, ramassant des bouts de bois, et tapant à tort et à travers sur les gamins, les patrons ou les chiens.

5° Toute une bande de populace mettant le feu à l'herbe sèche et la lançant dans les jambes des agents.

Spectacle profondément risible et honteux tout à la fois. Les lapins sont passés je ne sais où, les chiens reviennent bredouilles; les maîtres des chiens tout ruisselants de sueur... et de coups, vont réclamer à la Présidence «parce qu'il n'y avait pas assez de lapins», et les sergents de ville font tout ce qu'ils peuvent pour éteindre l'incendie naissant.

Et le soir un journal de la localité imprimait, indigné:

«Il n'y a qu'à Malaga qu'on peut voir de ces choses là!»

D'accord. Mais que faites-vous pour y remédier?

Les maîtres d'école de Vélez-Malaga, — pour ne citer que deux faits typiques très exacts, — auxquels il est dû *dix sept mois* de traitement, affamés, désespérés, en sont réduits à implorer la charité publique, et les nourrices de l'hospice de la maternité de Malaga, sans solde, elles aussi, depuis des mois entiers, déclarent qu'elles ne vont bientôt plus pouvoir donner leur lait aux nourrissons!

Oh! Malaga!

DERNIÈRE VISION

Préparatifs de départ.—Le carême.—Les Confréries.—La procession de Triana.—Les soldats romains.—Les chants populaires.—La nuit du jeudi au vendredi saint.—La foire de Séville.—La vente d'un cheval.—La *posada* champêtre de *las Delicias*.—Histoire de brigands.—Les *casitas*.—Olé! Olé! —Ce qu'on voit sur le champ de foire.—Types merveilleux d'andalouses.—Les gitanes et leurs beignets.—Poésie de l'Andalousie.

C'en est fait! Il nous faut quitter le midi pour le nord de l'Europe qui nous rappelle. L'heure du départ vient de sonner. Adieu l'Espagne, adieu Séville, adieu la Giralda! Et mes petites rues pleines d'ombre que j'aimais tant! Comme j'ai vécu heureux dans ce coin d'Andalousie pendant six mois! Mon cœur se serre à quitter toutes ces choses, et, voyageur incorrigible, moi qui la plupart du temps n'ai pas de joie plus douce que celle d'un départ, avec l'attrait en plus de l'inconnu qui nous attire, voici que je découvre une corde nouvelle à ma lyre: la corde de l'élégie, un genre aujourd'hui bien délaissé.

Et quel moment choisi pour boucler mes malles! Celui où la *feria* de Séville bat son plein, la *feria* avec ses *casitas* toutes encombrées de jolies femmes, avec sa vie débordante, ses sons de guitares, ses entrechoquements de verres de *Manzanilla,* et les effronteries de ses gitanes! Du carême, je ne dirai rien. Vous connaissez sans doute la vieille histoire: un jour qu'un brave curé prêchait en chaire la Passion, un gars du village pleurait à chaudes larmes tandis que son voisin riait sous cape.

—Eh! quoi! dit le premier à son compagnon d'un ton de reproche. Comment oses-tu rire en entendant de pareilles choses?

—Laisse donc faire, reprit l'autre d'un air avisé. Je suis dans le secret. Il ressuscitera dimanche.

Telle a été mon impression à Séville pendant la durée du carême. On s'y est tant et tant préparé pour les fêtes que j'étais trop dans le secret. D'abord ce sont les petites *casitas* que l'on a soigneusement alignées sur le champ de foire, toutes pareilles, coquettes et pimpantes. Là, l'on cogne et l'on cloue toute la journée en chantant. Dans chaque maison ce sont les costumes des confréries que l'on prépare. Quelques uns de ces costumes ont une valeur considérable. Ce sont les *pasos*, ou sujets religieux que l'on va promener par les rues pendant la Semaine Sainte, que l'on époussette et que l'on nettoie. Dans les rues ce ne sont que figures joyeuses portant des lustres, des candélabres, des fleurs artificielles, des tapis, des bancs, des chaises, des cierges de toutes dimensions. La cour des orangers qui précède la cathédrale a été transformée en un atelier où une légion de femmes répare avec soin les tapisseries. On pose des affiches, on vend des programmes. Comment voulez-vous être triste?

Les marchands de la calle de las Sierpes guignent du coin de l'œil les figures étrangères, exhibent des guitares peintes, des tambours de basque enrubannés, des éventails avec sujets tauromachiques, des photographies, des terres cuites. Chacun se préoccupe d'avoir une fenêtre, un balcon, un banc, une chaise pour voir passer les processions. Enfin les trains commencent à amener du monde, des anglais en majorité.

Les processions légendaires commencent le dimanche des Rameaux, et le programme, puisque programme il y a, annonce pour ce jour la sortie de deux Confréries. Ces Confréries se composent de gens de la ville qui se déguisent pour la circonstance, se couvrent la tête d'une cagoule, et ne voient guère en tout ceci que le moyen d'attirer les curieux—tels encore les habitants de Binches, en Belgique, qui le jour du mardi gras se travestissent tous en *gilles*.—Le sentiment religieux n'a rien à voir dans tout cela.

Donc, l'une de ces Confréries doit sortir de l'Eglise San Jacinto de Triana à deux heures. Les rues se peuplent longtemps à l'avance de ces *nazarenos* ou pénitents, qui ne sont autres que la plupart des boutiquiers du quartier: bas blancs, souliers vernis à boucles, un grand peignoir blanc dont ils tiennent la queue sur le bras gauche, un bonnet pointu d'astrologue, très haut, en carton, et recouvert de percaline noire, tel est l'accoutrement dans lequel nous apparaissent les *nazarenos* de cette Confrérie qui, avant la mise en marche de la procession, gardent encore le visage à découvert, et fument tranquillement leurs cigarettes qu'ils roulent avec leurs gants de peau noire. Tout à l'heure, à la procession, ils rabaisseront leur cagoule sur leur figure, et l'on n'apercevra plus que deux points noirs sous le capuchon percé à l'endroit des yeux.

Je traverse le pont qui mène à Triana; on arrose la rue. Enfin vers quatre heures seulement la procession annoncée pour deux heures se met en route: cinq artilleurs à cheval, un pénitent portant une croix, deux autres avec une trompette en cuivre sur l'épaule. Ces trompettes sont accompagnés de riches écussons en broderies d'or sur fond de velours grenat.

La Confrérie portant uniformément le même costume s'avance sur deux rangs en files. A cette heure du jour les gros cierges qu'on porte à la main ne sont pas encore allumés. Quelques *nazarenos* porteurs d'une canne en argent donnent des ordres. Beaucoup ont un petit panier argenté au bras: ce panier, suivant la tradition, doit renfermer un maillet et les clous de la croix. En revanche, absence totale du clergé.

Enfin vient le *paso*. Celui-ci représente Jésus en croix. Au pied de la croix Marie et Saint Jean. Toutes ces figures sont de grandeur naturelle. Puis, tout en avant, un ange agenouillé reçoit dans un calice un jet de sang qui sort du flanc du Christ. Ce sang est figuré par un fil rouge.

Toutes les têtes des personnages sont en bois sculpté.

Le *paso* est porté sur le dos de vingt hommes dissimulés sous des draperies; il s'arrête fréquemment, et l'on se découvre sur son passage; on profite même des arrêts pour rallumer les bougies qui s'éteignent à tout instant dans les lampadaires.

La procession est fermée par une musique militaire et un piquet de soldats qui marchent d'un pas spécial et qui sont tête nue. Le shako placé sur le dos est maintenu par la jugulaire qui leur passe autour du cou. Ce *paso* est connu sous le nom de *Santisimo Cristo de las Aguas*. Mais le coup d'œil le plus curieux est assurément celui que présente le cortège au moment de son passage sur le pont. Les matelots des navires stationnés sur le Guadalquivir montent sur les vergues et s'y agenouillent leur bonnet à la main. Le spectacle est inoubliable.

En somme les cérémonies religieuses dans les églises ne présentent aucun intérêt pendant la Semaine Sainte, à Séville. Toute la foule est dans la rue. On a mis des chaises partout; et hier un loueur de chaises a tué un homme qui, se trouvant par devant, empêchait ses clients de bien voir.

Le jeudi saint j'assiste encore à la procession de la paroisse de San Bernardo — le quartier des toreros — car chaque paroisse a la sienne. Les pénitents de cette Confrérie sont tout en noir, et leurs *pasos* au nombre de deux s'appellent le *Santo Cristo de la Salud*, et *María Santísima del Refugio*. Cette Vierge porte sur les épaules un immense manteau de velours noir tout brodé d'or, dont la richesse est inimaginable et la traîne d'une longueur démesurée. Les autres Confréries qui s'en vont par la ville ont des costumes noir et violet, violet et blanc, noir et blanc. Les *soldats romains* ont des collerettes tuyautées, de superbes plumes blanches sur leurs casques, des costumes de satin brodé or. A noter encore une fanfare de soldats romains, et les porte-enseignes avec la légende S. P. Q. R. Plus loin les Vierges succèdent aux Vierges, avec des manteaux de plus en plus riches, et les Christs aux Christs. Un des sujets qui revient le plus fréquemment est celui de «Jésus portant sa croix» — dont un très célèbre, de Montañes. — Je vois aussi une «descente de croix» et un «Jésus insulté.» A neuf heures du soir toutes les processions rentrent au bercail.

Mais le plus original, le plus caractéristique de toutes ces exhibitions, ce sont les chants populaires si naïfs et si sincères tout à la fois, par lesquels on a coutume de saluer les saintes images au passage. Toutes les fois que le *paso* s'arrête, ce qui arrive assez fréquemment, afin de laisser reprendre haleine aux hommes qui le portent, un chant strident, sorte de mélopée arabe, éclate dans cette foule. C'est un homme, une femme, une jeune fille qui chante de sa fenêtre ou sur le pas de sa porte, et un recueillement sacré s'empare de toute l'assistance. Puis, le chant terminé, les enfants crient tous ensemble, selon le nom du *Paso* qui défile: «Vivat le Christ de la *Salud!*» Ou encore: «Vivat *María de las Angustias!*» Alors le cortège reprend sa marche, et il faut voir dans les petites rues les saintes images risquer à chaque instant d'accrocher les réverbères et les balcons. Les lumières scintillent dans l'ombre, et l'on entend plus loin une complainte qui recommence lancée par une voix nasillarde, aigre et chevrotante:

«*Estrella del mar,...*» etc.
«¡*Viva María Santisima de la Victoria!*»

Les processions de nuit—nuit du jeudi au vendredi saint—sont annoncées d'heure en heure, en commençant à une heure du matin. Mais je sais à présent à quoi m'en tenir sur l'exactitude des heures de sortie. Quand elles se mettent en marche avec deux heures de retard on affirme que tout va bien.

Entre trois et quatre heures du matin, heure à laquelle je me rends seulement dans la calle de las Sierpes, il règne une animation extraordinaire, à peu près comparable à celle d'une nuit de Réveillon sur nos boulevards. On va, on vient, on se promène. Ajoutez à cela que la température est très douce. Les cafés, ouverts toute la nuit, regorgent de monde; les cercles, si nombreux dans cette rue, sont luxueusement éclairés; assis gravement dans des fauteuils cannés à bascule, leurs habitués semblent s'engourdir à l'approche du petit jour. Je vais m'asseoir dans le Café des Ambassadeurs; j'y remarque la présence de beaucoup de femmes emmitouflées dans de gros châles de laine; il y a là aussi de pauvres enfants que l'on a amenés et qui seraient infiniment mieux dans leurs lits.

Partout une gaité extraordinaire. Ne sommes-nous pas en Andalousie? Pas mal d'ivrognes aussi. Décidément la nuit du jeudi au vendredi saint ressemble fort à une nuit de Carnaval. Le petit jour commence à poindre. Les processions de nuit annoncées pour une heure me font l'effet d'être une mystification. Enfin, un peu avant six heures, un mouvement se produit au bout de la calle de las Sierpes, près de la poste. On aperçoit une croix, puis les bonnets pointus des pénitents. Cette procession est celle de l'église San Jacinto de Triana; elle traîne avec elle deux *pasos:* le *Santísimo Cristo de las tres Caidas* (tombé trois fois) et *Maria Santisima de la Esperanza.*

La rue est pleine de monde, et le cortège, suivant son habitude, s'arrête à chaque pas. Alors une vieille femme, en face de moi, entonne tout à coup cette chanson:

> La Virgen de los Dolores
> tiene el corazón partido
> de ver su hijo amado
> crucificado.
>
> ¿Quién me presta una escalera
> para quitarle los clavos?

« La Vierge des Douleurs a le cœur brisé de voir son bien aimé fils crucifié. Qui me prête une échelle pour que j'aille lui retirer les clous?»

N'est-elle pas touchante dans sa naïveté cette chanson, et ne fait-elle pas penser aux peintures des primitifs et aux enluminures des missels?

Quant à la procession de San Roman dont la sortie était annoncée pour deux heures et demie du matin, je la vois passer vers huit heures. Ce fut hélas! une des dernières, car les sept processions de la journée furent terriblement compromises par des averses torrentielles. Toute une troupe de pétinents en robes blanches de grenadine ou de surah et en capuchons verts avec broderies d'or resta bloquée une partie de la journée sous la porte de l'archevêché. Le ciel est complétement pris. C'est la déroute.

Enfin, le samedi saint, à minuit, suivant l'usage, les sacristains de la cathédrale montèrent en haut de la Giralda et chacun, à haute voix, et à tour de rôle, prononça ses adieux à un plat du carême. C'est la tradition, parait-il. La morue va se reposer.

La foire de Séville dure trois jours,—lundi, mardi et mercredi de Pâques,—et ce sont trois jours délicieux. Mais il ne faut pas craindre d'y aller entre six heures et huit heures du matin. A cette heure déjà les gens se promènent en toilette et les équipages ne sont pas rares.

Dans la plaine, assez vaste, chevaux et bétail sont parqués, quelquefois au nombre de cent mille têtes. Les propriétaires chevauchent sur de magnifiques bêtes andalouses, la plupart richement caparaçonnées. Le courtier—généralement un *gitano,* mais proprement vêtu,—est reconnaissable à sa grande gaule. C'est lui qui amène le client, qui débat le prix d'achat et qui touche la commission séance tenante, des deux mains quelquefois, quand il le peut.

J'assiste à la vente d'un cheval: un merveilleux petit andalou. La discussion, interminable, s'engage; mais le marché ne devient définitif que lorsque l'acheteur a mis une pièce de monnaie quelconque—cinq francs en argent, ordinairement—dans la main du vendeur. Le courtier, qui n'a que sa commision en vue, tâche toujours d'arranger les choses pour le mieux. Trois fois, quatre fois, l'acheteur glisse une pièce de cent sous dans la main du vendeur. Trois fois, quatre fois, celui-ci la lui rend, ne consentant pas au marché. L'acheteur dépité s'en va. Le courtier court après lui; c'est une comédie. Enfin, 125 pesetas, et le petit cheval est vendu.

L'acheteur, qui est homme de parole, paie comptant et emmène son cheval; alors la même scène de tout à l'heure va se renouveler entre le vendeur et le courtier. Le vendeur ne veut donner que deux pesetas cinquante centimes de commission. Le *gitano* exige davantage. Lorsque je suis parti le manège durait encore.

Tout au bout du champ de foire, du côté de *las Delicias*, je vais me reposer dans une petite taverne toute perdue au milieu des buissons de roses. C'est presque un endroit clandestin où l'on s'en va, la nuit, souper en cabinets particuliers.

On me raconte sur cette *posada* champêtre une histoire de brigands qui ne remonte guère qu'à vingt cinq ans. Une bande armée, organisée, parcourait les campagnes et semait la terreur jusqu'aux portes de Séville. Un soir, ou plutôt une nuit, un français soupait là en galante compagnie. La bande met ses chevaux et ses armes dans un fossé, sous la garde de l'un des leurs, se rend dans la taverne, puis se met à boire, à chanter et à jouer de la guitare.

Au moment de sortir notre homme en

bonne fortune trouve les issues occupées.

—Halte-là! Vous ne sortirez pas.

Celui-ci, ignorant la qualité de ses interlocuteurs, commence à trouver la plaisanterie assez mauvaise et, comme il insiste, ces messieurs s'empressent de décliner leurs noms et qualités. Puis ils ajoutent:

—Oh! ne craignez rien, nous ne vous ferons aucun mal. Nous ne vous dévaliserons même pas. Seulement, comme notre intention est de passer ici la nuit à nous divertir, nous pensons qu'il est bien inutile que vous alliez à Séville donner l'éveil à la force armée qui ne tarderait pas à être sur nos trousses. Vous ne sortirez pas, voilà tout. Buvez, mangez, vous et votre compagne. Demandez tout ce qui vous fera plaisir, nous payons. Mais jusqu'au petit jour, vous êtes nos prisonniers.

Et le matamore accompagna ce petit discours d'une superbe révérence.

Notre compatriote comprenant la situation, prit la chose, après tout, comme il fallait la prendre, c'est à dire le plus gaiment du monde. Il but, il chanta, il frappa en cadence dans ses mains... on ne dit pas aussi s'il dansa.

Quoiqu'il en soit, un peu avant l'aurore,

les joyeux compagnons allaient retrouver leurs montures et prenaient lestement du large non sans avoir encore une fois salué leur invité.

Voilà ce que rappelle cette petite taverne et ses bosquets fleuris, à deux pas de la foire de Séville. Tous les alentours embaument la fleur d'oranger.

Je regagne la ville par une allée où se dressent des tentes qui sont autant de cabarets. Les plats les plus recherchés du peuple qui s'y presse sont les tripes et les escargots, le tout arrosé d'un verre de Manzanille.

Mais le vrai centre de la fête c'est la grande avenue sillonnée de voitures luxueuses, éclairée par une double rangée de globes blancs, et sur les côtés de laquelle s'alignent trois cents *casitas* toutes pareilles, représentant assez exactement trois cents tirs à la carabine, avec moins de profondeur naturellement. Puis dans chacune de ces *casitas* qui se louent fort cher, un salon artistiquement meublé, une famille assemblée, un piano souvent, des fleurs, des guitares et de jolies jeunes femmes toujours. Et dans ce cadre ravissant, les plus belles d'entre les jeunes filles de bonne famille, la tête recouverte de la mantille blanche traditionnelle, dansant devant leurs parents, sous les yeux du public qui passe, qui s'arrête, qui regarde tout à loisir.

Tout cela respire un charme infini: castagnettes, tambours de basque, guitares, pianos, résilles, mantilles, *sevillanas,* olé! olé! Voilà donc enfin l'Espagne des romances. Malheureusement cette Espagne là ne doit durer que trois jours par an! Pendant ce temps, dans l'avenue, défilent les mules empanachées, les costumes bigarrés, les attelages invraisemblables. La foire de Séville! J'avais toujours cru qu'on l'avait surfaite. Tout ce que j'en ai vu a depassé pour moi ce que j'en avais entendu conter.

Tous les types les plus fins, les plus exquis, les plus distingués, s'y trouvent réunis; la véritable andalouse qui ne sort jamais de sa maison que pour se rendre presque furtivement à la messe, celle que l'on entrevoit avec peine derrière ses barreaux et ses grilles, la voici qui danse là en public au milieu d'une foire: olé! olé! Et la présence de toute la famille qui est là, depuis l'aïeule à cheveux blancs, jusqu'à l'enfant à la mamelle sur les bras de sa nourrice, donne à cette exhibition un je ne sais quoi de chaste et de pudique qui vous séduit encore bien plus.

Les grands Cercles de la ville ont fait dresser de somptueuses tentes avec buffets, et donnent des bals de société où l'on ne vient qu'en équipage; et, n'était-ce le coin des gitanes où des femmes assez laides, le teint couleur pain d'épices, fort effrontées toujours, vous saisissent par le bras pour vous engager à entrer dans leurs boutiques où elles vendent des beignets—tout dans cette fête respire une distinction dont on pourrait aller chercher bien loin l'équivalent.

Telle est ma dernière vision de Séville! Mais quel ingrat je serais si j'oubliais jamais les heures passées là, grâce à cette poésie envahissante et inexplicable qui s'empare de vous dès que l'on a foulé le sol de l'Andalousie!

CONCLUSION

Et maintenant il faut conclure.

L'étranger qui vient en Espagne—au grand galop presque toujours—s'en retourne chez lui après avoir vu les monuments les plus notables, les églises, les musées, les palais, mais de ce délicieux pays il s'en ira sans rien connaître. Tout au plus racontera-t-il à son retour que l'on y fait la cuisine à l'huile ou que, dans les courses de taureaux, l'on éventre de malheureux chevaux. Voilà donc un pays jugé! Mais que n'y vient-il avec la connaissance de la langue, d'abord, pour recevoir les confidences des gens et savoir un peu par la lecture des journaux ce qui s'y passe; que n'en étudie-t-il les usages, le désintéressement, le bon cœur!

Voulez-vous connaître l'Espagne?

Voyagez pendant vingt quatre heures dans un de ces grands wagons de deuxième ou de troisième classe, sans séparations entre les compartiments, et où tout le monde peut converser entre soi. Vous vous figurerez sans doute, vous français, qui êtes bien l'être du globe le plus routinier et le plus casanier qui existe, que vous accomplissez un voyage mémorable parce que vous traversez la péninsule ibérique de part en part.

Regardez donc un peu autour de vous, dans ce wagon, comme je l'ai fait un jour entre Alcazar de San Juan et Valence.

Cette dame, est la femme d'un médecin militaire; elle vient de Séville et va s'embarquer à Barcelone pour rejoindre son mari aux Philippines où elle arrivera dans deux mois.

Cet homme à figure glabre, est un *banderillero,* un toréro qui depuis deux ans a parcouru l'Amérique du Sud et l'Amérique Centrale. Il vient de débarquer à Malaga et s'en va à Valence à la recherche d'un engagement.

Cet autre, est un employé des douanes qui s'en vient du fond de la Galice et rejoint son poste. Il nous conte le plus naturellement du monde que s'il ne fermait pas les yeux sur le passage de certains troupeaux de dindons qui portent des paquets de tabac sous leurs ailes, le métier serait bien dur, et que l'on ne pourrait pas subsister.

Ici se place un petit épisode touchant.

Une humble servante, pas belle, vingt trois ans, l'air modeste, vient de monter dans notre wagon. Elle se rend à une station voisine, à quelques kilomètres plus loin. Survient pendant la route le contrôleur. La pauvrese n'a pas de billet. Il faut s'expliquer. Chassée par son maître qui se marie, elle s'en va retrouver une sœur qui doit lui procurer une place. Elle parait sincère, elle pleure. Le contrôleur qui d'abord avait fait la grosse voix lui dit à brûle-pourpoint:

—Ce n'est pas tout cela. Donne-moi ton porte-monnaie. Je n'y pendrai rien.

On ouvre le porte-monnaie qui contenait six pesetas.

—Alors c'est toute la fortune?
—Absolument tout.
—Où vas-tu coucher?
—Je n'en sais rien.
—Bien; si tu vas à tel endroit je vais te donner une recommandation écrite pour telle famille. Ce sont de braves gens. Ils te logeront.

Pendant ce temps la femme du docteur a glissé discrètement cinq pesetas dans la main de la pauvre enfant. Le *banderillero* tout ému y va de sa petite offrande. Tous, nous nous associons dans la mesure du possible à l'infortune de la servante, et le contrôleur se retire en fermant les yeux.

Eh! bien, la femme d'un officier aux Philippines ou à Cuba, un torero qui voyage, un fonctionnaire complaisant, et un brave employé qui compatit à la misère du prochain pour cette raison, sans doute, qu'il n'est pas trop heureux lui même, ne voilà-t-il pas toute l'Espagne? Oui, toute l'Espagne dans ce wagon! Toute l'Espagne avec sa dignité, ses travers, ses faiblesses, et sa générosité native.

Je doute qu'un anglais au sens pratique, ou qu'un allemand méticuleux comprennent l'Espagne; mais j'aime à croire que ceux qui ont du sang latin dans les veines et un peu d'idéal et de poésie au cœur l'aimeront le jour où ils l'auront bien connue, parce que c'est un des seuls pays où l'on puisse encore se laisser vivre, sous le ciel bleu et entre deux chansons, sans se soucier de la valeur du temps!

FIN

TABLE DES MATIÈRES

Pages.

AU PAYS DES BOUCHONS:

Le Bas-Ampurdan. — Gérone. — Aspect de la ville. — San Vicente Ferrer. — Souvenirs du siège. — Augereau. — La diligence de San Feliu de Guixols. — Les forêts de chênes-lièges. — Le pays des bouchons. — San Feliú. — La lecture de Cervantès. — La pêche à l'*encensa*. — La tartane de Palamos. — Les routes d'Espagne. — Le port de Palamos. — Palafrugell. — Le tramway de Flassa. — Les îles Mèdes. 7

AU PAYS DES ORANGES:

La campagne de Valence. — La *Plana,* la *Ribera* et la *Marina.* — Le commerce des oranges. — Les trieuses. — Castellon de la Plana. — La fabrication des espadrilles. — Vinaroz. — L'hôtel de la Veuve. — La *plaza de toros.* — Ce qu'on voit dans une *posada.* — Le roman comique. — Le théâtre de Vinaroz. — Les *zarzuelas.* — L'*Alcalde intérim.* — Trucs et truqueurs. — Bénicarlo. — Rencontre d'un français. — Types et croquis. 25

AU PAYS DES PARFUMS:

Les champs de Nules et de Burriana. — La campagne de Valence. — Sagonte. — Annibal, Pompée et César. — Le *pronunciamiento* de Martinez Campos et les marchandes d'*agua fresca.* — La culture des plantes à parfum. — La cité du Cid. — Le Turia. — A quoi peut servir un fleuve. — Le Grao et le Cabañal. — L'essence de géranium. — La cueillette de la fleur d'oranger. — Carcagente. — Le commerce des pétales, des orangettes, du petit grain. — Le choléra à Carcagente. 45

PASSION, MORT ET RÉSURRECTION DE JÉSUS CHRIST:
La Passion sur les planches.—Le théâtre de Ruzafa.—La pièce de M. Enrique Zumel.—Un fauteuil d'orchestre pour vingt-cinq sous.—Les *caballeros* et les *chiquillos*.—Un curieux programme.—Le rôle du Christ et les apôtres.—Un ballet dans la Passion.—Naïveté des détails.—Un mot profond d'un de mes voisins. 57

FÊTES ET TRADITIONS DE VALENCE:
La Saint Joseph et les *fallas*.—Les Pépés et les Pépas.—Le jour des Rameaux et le Jeudi Saint.—Les *monuments* et la procession du San Entierro.—Le Samedi Saint et le *Toque de gloria*.—La prison de San Agustin.—Un bandit et 150 ans de chaîne.—Plaisirs champêtres.—La Saint Vincent.—Les processions et la *Mort de la princesse*.—La maison natale de Saint Vincent.. . . 67

L'ESPAGNE SANS CHEMINS DE FER:
Départ de Valence.—Un marchand de crucifix.—Arrêt forcé à Játiva.— La diligence d'Alcoy — Jeûne forcé.— Aspect d'Alcoy.—Promenades du soir.— Le premier mai.—Le vallon du Molinar.—Les *serenos* d'Alcoy.—Un hôtel à musique.— Un bal dans un café.— Retour problématique.—Une nuit sur une banquette.—Diplomatie et courbature. 99

L'ESPAGNE NORMANDE:
Santander.— Une nuit à Venta de Baños. — A la recherche d'un professeur. — Le café de l'Ancora. — Une église catholique apostolique espagnole. — Mésaventures de son évêque.—Une odyssée qui se termine piteusement.—La diligence de Bilbao.— Le pays des sardines.—La pêche et la mise en boites.—Santoña, Laredo, Castro Urdiales.- Seize heures de voiture.—Arrivée à Bilbao. . 117

COINS DE VISCAYE ET DE GUIPUZCOA:
Les anglais à Bilbao.—Aspect de la ville. - Un cimetière au haut d'un escalier.—Notre Dame de Begoña.—L'*ensanche*.—Une locomotive qui saute un étage.—Les femmes de Viscaye.—Le minerai de fer et le débarquement de la morue.—Un chemin de fer en miniature.—Un décor d'opéra-comique.—Eibar.—La fabrication des armes.—Les bijoux damasquinés.—M. Zuloaga et son musée.—Une ville qui émigre.—La ligne de Zumarraga.—Tolosa.—Invasion de madrilènes.—Madrilènes et provinciaux.— *Vous* et *tu*.—Encombrement de St Sébastien.—Renteria. — Une fête dans la vallée de Oyarzun. — Une course de taureaux sur la place du village.—Impressions du pays basque.. 133

Au pays des piments:
Les piments.—Le raisonnement des épinards.—La Rioja.—La patrie de M. Sagasta.—Le monument d'Espartero.—La cathédrale de Logroño.—Les Saintes Vierges.—Calahorra.—La statue de la matrone.—Ruines et cahutes.—Un bayonnais et un bordelais.—A la recherche d'un cirque antique.—Et Numance? 155

Choix de paysages:
Tracasseries administratives.—Mauvaise impression première.—Aspect varié des provinces.—Les Asturies.—Gijón.—La plage et le port.—La statue de Jovellanos.—Une invasion de *gallegos*.—León.—Palencia et sa cathédrale.—Burgos et ses splendeurs passées.—Valladolid.—Ségovie.—Un décor d'opéra.—L'aqueduc romain.—Une histoire à dormir debout.—Le Robinson de la draperie. . 169

Impressions premières d'Andalousie:
Départ de Madrid.—La Manche.—Coucher de soleil.—Arrivée à Séville.—Les *Carmens* et les *patios*.—La *calle* de las Sierpes.—Indifférence orientale.—Les journaux.—La beauté et l'aplomb des sévillanes.—La manufacture des tabacs.—Un pélerinage dans un wagon—Jerez.—Les grilles et les stores.—Monotonie des soirées.—Les exportateurs de vins.—Habitudes anglaises.—Aspect de la ville.—Les vignes.—Le petit âne andalou.—La *Chartreuse* de Jerez.—Les vins de Jerez.—Différentes remarques.—La poësie partout.. 189

Palos — Huelva — La Rabida:
Départ de Séville.—Le Rio Tinto.—Les mines de cuivre.—La baie de Huelva et le fleuve empoisonné.—L'hôtel Colon.—Le port de Palos et le Couvent de la Rabida.—Traversée de la baie.—La chasse à la *gaviota*.—L'ancien jardin des Franciscains.—La croix de Colomb.—Le cloître.—La prière à la Vierge le 3 août 1492.—La chambre de Colomb.—Le Musée.—Retour à Huelva.—Le père Juan.. 211

Sur quelques points obscurs de la vie de Christophe Colomb avant la découverte du Nouveau monde:
Don Fernando historien de son père.—Arrivée de Colomb à la Rabida.—Letre de D. Luis de la Cerda.—Hospitalité du Duc de Medina-Celi.—Fuite de Portugal.—Le beau frère de Colomb.—Le père Jean Pérez et le père Antonio de Marchena.—Témoignagne de l'Alcalde de Palos.—Les rôles distincts du père Juan Pérez et du père de Marchena.—Présentation à la cour.—Le livre des comptes

du trésorier des Rois catholiques à Séville.—Documents irréfutables.—Rôle de l'Econome royal Luis de Santangel. 225

A LA RECHERCHE DE MURILLO:
Naissance de Murillo.—Acte de baptême authentique.—La maison natale.—La place de Santa Cruz.—L'endroit où il fut enterré.—Inscription commémorative.—La chapelle des Carmélites.—Une Espagne du xviie siècle.—La maison mortuaire.—Le testament de Murillo. . . . 245

LES VÉRITABLES DÉCORS DE «DON JUAN»:
Don Juan à Séville et Tirso de Molina.—Le *Séducteur de Séville*.—Le véritable don Juan Tenorio.—Le commandeur d'Ulloa.—La légende.—Le palais.—Don Diego père de don Juan.—L'exil à Lebrija. · La maison du Commandeur.—Le fidèle Catalinon.—Le couvent de San Francisco.—La sépulture des Ulloa. 257

L'ESPAGNE SANGLANTE:
Arrivée à Jerez.—L'attentat.—La mise en chapelle.—Les bourreaux de Madrid, de Séville et de Grenade.—Le 10 février avant le jour.—Le garrot.—La dernière nuit.—Apprêts funèbres.—Résistance inutile.—En marche pour l'échafaud.—Le supplice.—Vingt minutes d'angoisse.—Deux cents personnes transformées en vingt mille.. . . 267

UN RÉVEIL DU GUADALQUIVIR:
Retour accidenté à Séville.—L'inondation partout.—Ascension à la Giralda.—Le quartier de San Bernardo.—Tentative d'évasion.—Le char embourbé.—Départ pour Grenade.—Aspect général.—A la recherche de l'Alhambra.—Les trois Grenade.—Les guides et les mendiants.—La porte de la *Justicia*.—La Alcazaba et la tour de la Vela.—Souvenirs historiques.—Ce qu'on voit du haut de la tour. 283

DE GRENADE A MALAGA:
Les excursionnistes-éclairs.—Ce qu'on voit encore dans l'Alhambra.—Les tours de l'enceinte et la Porte de Fer.—Plaques commémoratives.—Fortuny et Henry Régnault.—Le Généralife et ses jardins.—Le quartier des *gitanos*.—Promenades dans les rues de Grenade.—Malaga et sa poussière.—A la recherche d'un annuaire.—Une malle égarée.—Nonchalance des habitants.—Coucher de soleil vu de *la farola*.—Le vin de Malaga et *l'arrope*.—Les *pasas*.—La vieille ville.—Apathie incurable.—Le théâtre par section.—Désagréments et avantages du système.—Une chasse au lapin peu réussie. . . . 303

Pages.

DERNIÈRE VISION:
    Préparatifs de départ.—Le carême.—Les confréries.—La procession de Triana.—Les soldats romains.—Les chants populaires.—La nuit du jeudi au vendredi Saint.—La foire de Séville.—La vente d'un cheval.—La *posada* champêtre de *las Delicias*.—Histoire de brigands.—Les *casitas*.—Olé! Olé!—Ce qu'on voit sur le champ de foire.—Types merveilleux d'andalouses.—Les gitanes et leurs beignets.—Poésie de l'Andalousie 329

CONCLUSION 347

Tipolitografía de Luis Tasso,
Arco Teatro, 21 y 23, Barcelona.

EN VENTE À LA MÊME LIBRAIRIE

Guides de voyages, BÆDECKER.
   Id.   id.   JOANNE.
Romans et nouveautés littéraires.
Ouvrages scientifiques.
Journaux français, anglais et italiens.
Photographies.
Manuels de conversations en toutes langues.

ABONNEMENTS À TOUS LES JOURNAUX

COMMISSION POUR LES OUVRAGES ESPAGNOLS

www.ingramcontent.com/pod-product-compliance
Lightning Source LLC
Chambersburg PA
CBHW070855170426
43202CB00012B/2082